生涯规划

倪洪富　周维梅　翁明勇　编著

编　委　会

汕頭大學出版社

图书在版编目（CIP）数据

生涯规划 / 倪洪富，周维梅，翁明勇编著． -- 汕头：
汕头大学出版社，2022.8
ISBN 978-7-5658-4771-4

Ⅰ．①生… Ⅱ．①倪… ②周… ③翁… Ⅲ．①高中生
—职业选择 Ⅳ．① G635.5

中国版本图书馆 CIP 数据核字（2022）第 155182 号

生涯规划
SHENGYA GUIHUA

编　　著：倪洪富　周维梅　翁明勇
责任编辑：汪艳蕾
责任技编：黄东生
封面设计：优盛文化
出版发行：汕头大学出版社
　　　　　广东省汕头市大学路 243 号汕头大学校园内　　邮政编码：515063
电　　话：0754-82904613
印　　刷：三河市华晨印务有限公司
开　　本：710mm×1000 mm　1/16
印　　张：12.25
字　　数：210 千字
版　　次：2022 年 8 月第 1 版
印　　次：2022 年 8 月第 1 次印刷
定　　价：30.00 元
ISBN 978-7-5658-4771-4

让每一个孩子都抬起头来走路（代序）

人行走在广袤的大地上，最紧要的是方向。没有方向，你的行走多么无聊；一旦走错方向，你将错过无数美好，甚至陷入绝境；只有走对了方向，你的路上才会妙趣横生，无限风光。

人生，也是如此。

回顾我们成长的历程，有几个人在青少年时期就有明确的前进方向？曾经树立的那些远大理想，现在看来有许多都是那么虚无缥缈、幼稚可笑。而成年的我们，似乎都走在命运安排好的路上，随波逐流，无奈地从事着自己并不擅长或并不喜欢的工作。

所有的错过，都源于盲目，没有方向！

如何破解盲目，走对方向？答案是，让每一个孩子都抬起头来走路！

"让每一个孩子都抬起头来走路。"这是苏联教育家苏霍姆林斯基对教育的透彻指引。只有看清了远方，摸清了路况，才能结合自身条件确定目标，从而确定方向。

要让孩子们抬起头来走路，学校先要抬起头来办教育，让教师成为孩子们独立思考、自我发现的指导者，要把"远方"演示在孩子们可观、可感的眼前，帮助孩子们成为设计和创造自己未来的行动者。

可喜的是，已经有学校和教师正在改变自己！

为了让孩子们能发现自我，明确方向，设计未来，将心中的理想变成一步步实实在在的规划，"生涯教育"走进了孩子们的课程。然而，开课容易上课难，选择怎样的内容才既有意义，又让孩子们感兴趣；选择怎样的教学方式才能深入浅出，让孩子们不需要花太多的时间就知道该怎么做，这是摆在生涯教育教师面前的一大难题。

重庆市綦江中学生涯发展指导中心的教师开始了探索与尝试，过程虽然艰辛，但意义非凡。

通过大量的阅读，无数次的争论、探讨，不断的实践，教师从过去的盲目渐渐走向了清晰，对教学、教育乃至人生的认识更加深刻。

于是，越来越多的教师将头抬了起来，只有抬起头来教学的教师才能带领孩子们抬起头来走路。

教师的探索与尝试有了直接的成果——生涯规划精品选修课程。《生涯规划》这本教材整合了目前可用于生涯教育的众多参考资源，按课时做了内容切割与符合孩子们接受规律的排序，并加入了教师经过独立思考后进行的课堂教学设计。

"生涯唤醒"旨在唤起孩子们对未来的憧憬和生涯意识，让他们明白美好的未来是可以通过了解、设计、规划、努力来实现的，以此激发孩子们的生涯追求。

"自我探索"意在通过多元的自我测试、自我尝试让孩子们认知自我、发现自我，做到"自知者明"。

"外部探索"为孩子们提供了广阔的可发展空间，让他们去观察、触摸、感知他们未来将面临的外部世界。

"生涯新高考"具体指导孩子们应对即将面临的新高考。

"生涯管理与决策"旨在帮助孩子们运用科学的方法走好生涯规划的每一步，让每一个小目标都得以在恰当的时段实现，从而最终实现自我塑造。

这本《生涯规划》教材也许略显青涩，还有待完善，但它必将让更多的教师抬起头来教学，让更多的孩子抬起头来走路。

最后，愿孩子们所做皆如其所想，愿孩子们所得皆如其所愿！

倪洪富

2022 年 1 月

前 言
Preface

　　生涯教育就像人生幸福的旅程，在启程前人们应该想明白三个问题：我到底想到哪里去？我现在在哪里？如何才能到达我想去的地方？生涯教育的目的就是唤醒学生的生涯发展意识，提升学生的生涯发展能力。

　　本书根据上面三个问题，分为五个板块：第一个板块是生涯唤醒，包含生涯自觉等内容；第二个板块是自我探索，包含兴趣探索、多元智能探索、性格探索、价值观探索、生涯自画像等内容；第三个板块是外部探索，包含生涯资源库、专业探索、职业探索、大学探究、生涯定向等内容；第四个板块是生涯新高考，包含新高考政策、选科走班、升学路径、志愿填报等内容；第五个板块是生涯管理与决策，包含生涯管理及生涯报告等内容。

　　本书很适合对生涯教育不甚了解的读者学习，编委人员侧重从生涯的认知与生涯的探索方面进行挖掘，希望这些知识能够作为一个引子，起到抛砖引玉的作用，帮助读者从体验的角度完善自我生涯体系的建构，为实现自己的幸福人生奠基。

　　通过本书（配套有《生涯教育教学手册》《生涯教育学习手册》）的出版，笔者希望能尽最大努力为教育均衡发展和教育公平助力，特别是为政策、信息、教育条件等方面相对薄弱区域的教师、学生、家长提供较为全面的、系统的生涯教育课程资源，希望能尽最大努力为新高考助力，为基于学生核心素养发展背景下急切需要进行生涯发展整体建构的学生、家长、教师提供较为精准的生涯发展方法指导，提质增效。

由于时间仓促，笔者水平有限，书中难免存在不足之处，恳请广大读者提出宝贵意见。

綦江中学生涯发展指导中心编委会

2022 年 1 月

目 录
Contents

第一部分　生涯唤醒

主题 1 · 生涯自觉

※ 生涯导航

你思考过未来的发展吗？什么是生涯规划？为什么要学习生涯规划？

人无远虑，必有近忧。

——《论语·卫灵公》

人生最重要的事，不是你现在所处的位置，而是你今后要朝着哪个方向前进，只要方向正确，就不怕路远。人生由一连串的决定交织而成，关键在于自己如何选择。生命的最高境界就是选对舞台，尽情挥洒才华，走出自己的路。

※ 生涯故事

李一峰

2015 年，李一峰被中国科技大学录取，大二的时候却向学校申请退学。2018 年，李一峰复读一年后，取得了 712 分的高分，又放弃清华北大，选择了四川大学。为什么他要向中国科技大学申请退学呢？李一峰，云南人，高考志愿填报时，他凭直觉选择了中国科技大学，拿到录取通知书后，才知道学校在合肥，不在北京。进校后，他发现自己对所学的环境科学专业毫无兴趣，试着转入生物学专业，但很快发现生物学也不是自己喜欢的专业。三年辗转，纵然李一峰考出了 712 分的好成绩，但二十几岁的年纪能有几个三年可以浪费？如果时间能倒流，相信他也绝不会重新来过。

刘立早

刘立早，重庆人，清华大学建筑系 2003 级本科生。1998 年，他被浙江大学化学工程系录取，临近毕业被保送到清华大学化学反应工程专业，直接攻读博士研究生。2003 年 3 月，刘立早却从清华大学申请退学，并于当年 6 月，第二次参加全国高考，最后被清华大学建筑系录取。

【想一想】

他们为什么要做出这样的选择？给你带来了怎样的启示？

> 小贴士：人生如此重要的旅程，需要我们认真筹划。其中，最困难的莫过于选择。我们需要对自己的选择有清晰的认知，知道自己以后想要什么。

※ 生涯认知

一、生涯规划的概念和类型

（一）生涯规划的概念

生涯规划是个人结合所处环境，根据自己的个性、兴趣、能力、价值观等因素制订的较为全面的个人成长发展计划。

（二）生涯规划的类型（时间维度）

短期规划：一年以内的规划，确定近期应完成的任务。

中期规划：最常用的，涉及 3～5 年的目标和任务。

长期规划：5～10 年的规划。

人生规划：时间跨度最长的规划，是对整个生涯的规划。

（三）生涯规划关注的能力

（1）发展能力：懂得自我提升、自我激励，实现自我发展。

（2）探索能力：认清自己，了解大学、专业、职业，了解社会环境。

（3）决策能力：分析复杂的信息，权衡利弊，找到最适合自己的选择。

二、为什么要学习生涯规划

（一）生涯规划是新高考的必然要求

新高考的选科模式突出了自我意识，带给我们更多的选择和发展机会。我们从高一开始就要进行高考科目的选择，需要兼顾自己的学习兴趣、擅长科目、大学专业等，这是一个复杂而又极其重要的抉择，需要借助生涯规划寻求最合适的科目组合。

（二）生涯规划有助于个人的职业发展

在一些发达国家，特别是美国、德国等职业系统非常规范的国家，其生涯规划指导从幼儿园阶段就开始了，并且贯穿小学、中学和大学，学校有专门的职业指导课程，通过观看职业模拟、实际操作等环节，孩子们从小就了解各种职业，有机会为自己向往的职业做知识技能和素质方面的准备，如参加志愿者活动、职业体验、兼职工作等。

当今社会竞争更加激烈，我们要想在竞争中立于不败之地，就必须接受生涯教育，提前为就业做好知识和能力的储备。目前，很多人对职业和自己未来的发展缺少规划，致使毕业时毫无方向感，找不到满意的工作。如果提前做好规划，在大学时选择适合自己的专业，储备专业所必备的知识和能力，那么毕业后就能在工作中得心应手，甚至成为该领域的专家。生涯规划对个人职业发展的重要性不言而喻。

（三）生涯规划有助于明确目标

目标对人生有巨大的引领作用，你的目标会影响你的成就，继而决定你的人生。目前，我国已经进入文化经济等方面多元化发展时代，我们越早认识自我、规划职业，就能越早确定自己的人生目标，从而不断发展自我，实现自我价值。生涯规划可以帮助我们确定人生目标，选择行动措施，增强责任感，让我们的学习更加有动力。所以，生涯规划不仅关系到个人的成长，也关系到国家的长远发展。

（四）高中阶段是生涯发展的探索期

著名职业生涯规划大师舒伯依照年龄将生涯发展阶段划分为成长、试探、建立、保持和衰退五个阶段。前接初中、后连大学的高中学段具有承前启后的重要作用。其基本属性虽是基础教育，但其职业教育的倾向也已凸显，因而在高中阶段开展生涯教育是满足学生个性发展和学校人才培养迫切需要的。我们在这一阶段可研究自我能力，并进行职业上的探索。

生涯规划可以培养我们的能力、素养以及品质，让我们明白自己最想要的是什么，更容易找到适合自己的职业发展方向，更容易实现自己的目标，更容易在社会上赢得一席之地，更容易过上有价值感、有意义和有幸福感的人生。

三、如何进行生涯规划

（一）全面认识自我

世界上没有完全相同的两片叶子，当然也不会有两个完全一样的人，每个个体都是独一无二的。只有对自己有足够清晰的认识和准确的定位，我们才能迈出合理规划的第一步。

（二）开始积极的外部探索

我们要了解各种不一样的升学途径，知晓如何为自己的选择提前做准备，了解专业的内涵和分类、专业与职业之间的关系，这样才有助于之后对大学专业的选择，从容自如地选出最适合自己的专业，为今后的职业发展奠定坚实的基础。

（三）确定适合自己的目标

我们既要考虑内在的个人兴趣和能力，又要考虑外在的因素，如家庭情况、升学政策、地区环境等，多方面结合来确定适合自己的目标。确定目标是生涯规划关键的一环，合理有效的目标不仅能帮助我们明确努力的方向，更能起到反馈与激励的作用。明确了适合自己的目标，就能把它作为人生的航标，乘风破浪，直达理想的彼岸；反之，如果没有适合自己的目标，就很有可能在受挫后变得迷茫或失去信心。

（四）将目标转化为实际行动

目标确定之后，必须落实到具体的行动中来，制订贴合实际、行之有效的实施方案，并将其付诸实践。但是，任何一个方案在实践的过程中都不可能一成不变，需要不断调整，这是很正常的。调整的过程是我们重新认识自我、不断优化规划的必不可少的环节。

当今社会竞争尤为激烈，物竞天择、适者生存，我们要想脱颖而出，必须认识自我，规划未来，只有未雨绸缪，认真实践，才能事半功倍。

※ 生涯活动

一、设计目的

生命是持续不断的过程，尽管每个人的发展轨迹不同，但都有起点和终点，这就是生涯。教师通过此次生涯活动引导学生对过去的我、现在的我、未来的我进行整合、统一，激发学生生涯意识。

二、时间和所需材料

10分钟，准备红色和黑色两支不同颜色的笔，一张 A4 纸。

三、具体过程

（1）纸张横放，在中间画一条横线代表我们的一生，在首端标上"0"代表生命的开始，在末端加上一个箭头，箭头处表示生命的结束，标上预计的寿命数，在白纸下端的正中写上"某某的生命线"，作为题目。

（2）根据你为自己设定的生命长度，在横线上找到你现在所处的年龄位置，标上数字。数字左边代表过去，右边代表未来。

（3）回顾往事，想想那些对你的人生发展有较大影响的事，在点的左边标记这些事情。开心的事情用红色的笔标注在横线以上，越开心标注得越高；伤心、难过的事情用黑色的笔标注在横线以下，越难过标注得越低，注意对应事件发生的时间和顺序。

（4）在点的右边上方用红色的笔标出你未来 3 年、10 年、30 年最想做的事情或最想实现的目标，可借助生涯幻游。生涯幻游是自我认知中的非正式评估工具，可以有效地帮助大家合理地剖析自我，挖掘自身潜能，为确定目标提供思考方向，根据未来期望倒推不同阶段的目标。在点的右下方用黑色的笔标出你认为实现目标过程中最大的阻力。

①曾经发生的事件对你产生了怎样的影响？

②要达成这些目标，需要付出怎样的努力？应制订什么计划？该怎样实现这些目标？

※ 生涯拓展

【画一画】

请参考舒伯的生涯彩虹图，结合自己的生涯目标，画出你的生涯彩虹图。

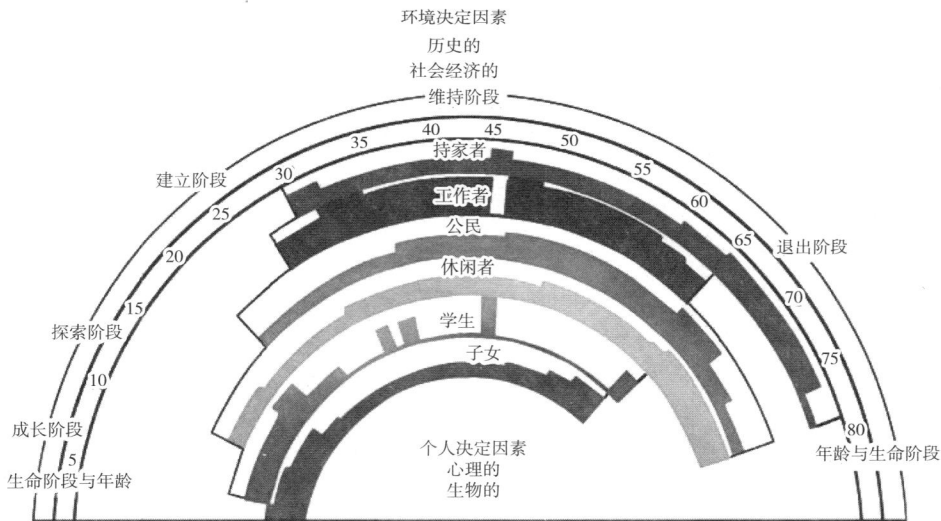

（1）参照舒伯的生涯彩虹图，在自己的生涯彩虹图最外围弧线上写上年龄，在每两个弧形之间的间隔中写上不同生涯角色的名称。

（2）根据自己的现实或预想的未来，判断在某一阶段你会把主要的时间精力放在哪些角色上，把该年龄段对应的角色弧形涂上某种颜色，着色面积的大小代表投入精力的多少。

（3）画完所有年龄对应角色的彩虹后，分析自己在某些角色上投入的时间精力是否符合你本身的期望。

（4）思考与分享。

①在人生的不同阶段，你重视的角色有哪些？

②你重视的角色和其他同学所重视的有没有不同？如果有，原因是什么？

③你最喜欢的角色有哪些？最不喜欢的角色有哪些？为什么？

④你认为扮演好哪个角色对你最重要？为什么？

※ 参考文献

[1] 缪仁票.成长自己的样子[M].杭州：浙江大学出版社，2018.

[2] 吴才智，陈国平.生涯规划与管理（高中版）[M].重庆：重庆大学出版社，2017.

[3] 林甲针，陈如优.高中生职业生涯规划与班级团体辅导[M].福州：福建教育出版社，2015.

[4] 戈红.高中生生涯规划[M].北京：科学出版社，2017.

第二部分　自我探索

主题 2 · 兴趣探索

※ 生涯导航

你最愿意上哪门课？最愿意做哪科的作业？到图书馆先借阅哪类图书？喜欢看哪些杂志？课余时间最喜爱干什么？最向往从事哪种职业？这些都是兴趣在诸多事物中的表现。

学问必须合乎自己的兴趣，方可得益。

——莎士比亚

如果你对某种事物总是给予优先的关注，喜欢听到与之有关的信息，喜欢参与这方面的活动，那么这些想要认识、探索某种事物的心理倾向就是你的兴趣。一个人的职业兴趣对其升学报考志愿和选择职业有重要的影响，往往会成为其事业成功的出发点。

※ 生涯故事

刘绍棠

学生时期的刘绍棠就对文学有浓厚的兴趣。他大量地阅读课外书，10岁时，第一次写作文，就创作了一部写满五本作文本的长篇小说《西海子游记》，在全校引起轰动。1949年10月，他在《北京青年报》上发表了处女作微型小说《邰宝林变了》，从此开始了文学创作。1950年，他又写出了20多篇小说，并在多家刊物上刊登，引起了文坛的关注。

王永民

1943年12月15日，王永民出生于河南省南阳市鸭河工区的一个贫困家庭。他对将汉字输入计算机有浓厚兴趣，为研究汉字字根制作整理了几万张卡片，完成了超人的工作量并取得了成功。在国际上，微软（Microsoft）、国际商业机器公司（IBM）、日本卡西欧公司（CASIO）等20多家公司购买了其专利使用权。

【想一想】

你有没有比较感兴趣的领域？能否一如既往地坚持对它的喜爱？

> 小贴士：兴趣给成功者带来智慧、效率和勇气。可以说，兴趣是职业选择的起点。兴趣就像一位向导，引导你从崎岖的小路攀登到事业的顶峰。

※ 生涯认知

一、兴趣

兴趣是个人力求接近、探索某种事物，从事某种活动的态度和倾向，是个性倾向性的一种表现形式。兴趣在人的心理行为中具有重要作用。一个人对某事物感兴趣时，便会对它特别注意，不仅思维活跃、记忆牢固、观察敏锐，还有强烈的情感倾向。

二、职业兴趣

职业兴趣是兴趣在职业领域的体现，是指人们对某种职业具有比较稳定而持久的心理倾向，使人对某种职业给予优先关注并充满向往。

职业兴趣是一个人对工作的适应能力和对工作的态度，表现为有从事相关工作的意愿和兴趣，拥有职业兴趣将增加个人的工作满意度和幸福度，提升个人的职业稳定性和职业成就感。

根据霍兰德职业兴趣的分类方法，职业兴趣可分为六种类型，即实践型、研究型、常规型、艺术型、社会型、管理型。

※ 生涯活动

社团招新啦

DIY 工坊手工社：社员坦诚、真挚、直率，不喜多言，擅长手工，喜欢 DIY 组装零件，喜欢独立完成事情，如园艺、编织、模型制作等。

探索发现类社团：社员善于观察研究、推理分析，严谨，重视论据，独立且自主性强，喜欢观察、探讨专业问题，并能从探索中获得快乐，如天文、科学、哲学等。

领袖天地社：社员性格外向，精力旺盛，有进取心，乐于冒险，有组织能力、说服力，喜欢负责规划，希望被人肯定，如辩论、领导力提升等。

研习社：社员喜欢有条理化、程序化的工作，讲究规矩和精准，比较谨慎，如会计、图书管理员等。

爱心社团：社员关心社会、待人和善、温暖、容易相处、热心公益，喜欢做教育等助人工作，喜欢和他人分享，如志愿者等。

文体艺术社：社员追求美感，直觉敏锐，富有想象力，有艺术气质，喜欢音乐、舞蹈、美术、文学，喜欢自由生活，如美工、绘画、摄影等。

社团有约：假如从 DIY 工坊手工社、探索发现类社团、领袖天地社、研习社、爱心社团、文体艺术社等社团中选择一个加入，你会选择哪一个？说说你的理由。

※ 生涯拓展

【测一测】

霍兰德职业兴趣测试

本问卷共 90 道题目，每道题目都是一个陈述，请你根据自己的真实情况对自己进行评估，如果符合实际情况就在相应的题目前打"√"，否则打"×"，不要漏答。

1. 我很看重强壮而敏捷的身体。

2. 我喜欢探究并了解事情的真相。

3. 我的心情受音乐、色彩和美丽事物的影响极大。

4. 我认为生命会因和他人的关系变得更加丰富和有意义。

5. 我相信自己会成功。

6. 我做事必须有清楚的指引。

7. 我擅长自己制作和修理东西。

8. 我可以花很长时间去想通事情。

9. 我重视美丽的环境。

10. 我愿意花时间帮别人解决个人危机。

11. 我喜欢竞争。

12. 我在开始一个计划前会花很多时间去计划。

13. 我喜欢使用双手做事。

14. 探索新构思使我满意。

15. 我寻求新方法以发挥我的创造力。

16. 我认为把自己的焦虑和别人分担是很重要的。

17. 成为群体中的关键任务执行者，对我很重要。

18. 我对自己能重视工作中的所有细节感到骄傲。

19. 我不在乎工作时把手弄脏。

20. 我认为教育是一个发展及锻炼脑力的终身学习的过程。

21. 我喜欢非正式的穿着，喜欢尝试新颜色和新款式。

22. 我常常能体会到某人想要和他人沟通的需要。

23. 我喜欢帮助别人不断改进。

24. 我在决策时通常不愿意冒险。

25. 我喜欢购买小零件，并将其做成成品。

26. 有时我喜欢长时间阅读，玩拼图游戏，冥想生命本质。

27. 我有很强的想象力。

28. 我喜欢帮助别人发挥他的天赋和才能。

29. 我喜欢监督事情直至完工。

30. 如果我面对一个新情景，会在事前做充分的准备。

31. 我喜欢独立完成一项任务。

32. 我渴望阅读或思考任何可以引发我好奇心的东西。

33. 我喜欢尝试创新。

34. 如果我和某人起摩擦，我会努力化干戈为玉帛。

35. 我认为要成功就必须确定高目标。

36. 我喜欢对重大决策负责。

37. 我喜欢直言不讳，不喜欢转弯抹角。

38. 我在解决问题前，必须对问题进行彻底分析。

39. 我喜欢重新布置我的环境，使它们与众不同。

40. 我经常借着和别人交谈来解决自己的问题。

41. 我常想起草一个计划，而由别人完成细节。

42. 准时对我来说非常重要。

43. 从事室外活动令我神清气爽。

44. 我会不断地问"为什么"。

45. 我喜欢自己的工作能够抒发我的情感。

46. 我喜欢帮助别人寻找可以和他人相互关注的办法。

47. 能够参与重大决策是件令我兴奋的事情。

48. 我经常保持清洁，并喜欢有条不紊。

49. 我喜欢周围环境简单而实际。

50. 我会不断地思考一个问题，直到找出答案为止。

51. 大自然的美深深地触动着我的灵魂。

52. 亲密的人际关系对我很重要。

53. 升迁和进步对我极其重要。

54. 当我把每日工作计划好时，我会较有安全感。

55. 我不怕过重的工作负荷，且知道工作重点。

56. 我喜欢能给我带来思考和新观念的书。

57. 我希望能看到艺术表演、戏剧和好的电影。

58. 我对别人的情绪低潮相当敏感。

59. 能影响别人让我感到兴奋。

60. 当我答应一件事时，我会竭尽全力监督所有细节。

61. 我希望粗重的肢体工作不会伤害任何人。

62. 我希望能学习所有使我感兴趣的科目。

63. 我希望能做些与众不同的事。

64. 我对别人的困难乐于伸出援手。

65. 我愿意冒一点险以求进步。

66. 当我遵守规则时，我感到安全。

67. 我选车时，最先注意的是引擎。

68. 我喜欢能引发我思考的话。

69. 当我从事创造性的工作时，我会忘掉一切旧经验。

70. 我关注社会上那些有需要帮助的人。

71. 说服别人依计划行事是件有趣的事情。

72. 我擅长检查细节。

73. 我通常知道如何应付紧急事件。

74. 阅读新发现的书是件令我兴奋的事情。

75. 我喜欢美丽、不平凡的东西。

76. 我经常关心孤独、不友善的人。

77. 我喜欢讨价还价。

78. 我花钱时小心翼翼。

79. 我用运动来保持强壮的身体。

80. 我常常对大自然的奥秘感到好奇。

81. 尝试不平凡的新事物是件相当有趣的事情。

82. 当别人向我诉说他的困难时，我是个好听众。

83. 做事失败了，我不会气馁。

84. 我需要确切地知道，别人对我的要求是什么。

85. 我喜欢把东西拆开，看看能否修理它们。

86. 我喜欢研读所有的事实，再有逻辑地做决定。

87. 没有美丽事物的生活，对我而言是不可思议的。

88. 人们经常告诉我他们的问题。

89. 我能凭借网络和别人取得联系。

90. 我认为小心谨慎地做成一件事很有成就感。

评分办法：表 2-1 中的数字是上列兴趣测验中的题号。

表 2-1 霍兰德职业兴趣测试表

类 型	题 号														
现实型	1	7	13	19	25	31	37	43	49	55	61	67	73	79	85
研究型	2	8	14	20	26	32	38	44	50	56	62	68	74	80	86
艺术型	3	9	15	21	27	33	39	45	51	57	63	69	75	81	87
社会型	4	10	16	22	28	34	40	46	52	58	64	70	76	82	88
企业型	5	11	17	23	29	35	41	47	53	59	65	71	77	93	89
常规型	6	12	18	24	30	36	42	48	54	60	66	72	78	84	90

（1）请算出每种类型打"√"的数目，并填写在括号里。

现实型（   ）研究型（   ）艺术型（   ）

社会型（   ）企业型（   ）常规型（   ）

（2）将上述分数由高到低依次排好，并填写在括号里。

第一位（   ）第二位（   ）第三位（   ）

第四位（   ）第五位（   ）第六位（   ）

※ 参考文献

[1] 吴才智，陈国平. 生涯规划与管理 [M]. 重庆：重庆大学出版社，2017.

[2] 缪仁票. 成长自己的样子 [M]. 杭州：浙江大学出版社，2018.

主题 3 · 多元智能探索

※ 生涯导航

你的能力体现在哪些方面？你是如何发现的？你的理想职业是什么？这项职业需要具备哪些能力？你将如何提升这些能力？

尽管我们常常谴责人类不了解自己的缺点，但恐怕很少有人了解自己的长处。就像在泥土中埋藏着一罐金子，土地的主人却不知道一样。

——约拿珊·斯威夫特

优秀的人总是把自己的优势发挥到极致，自卑的人总是认为自己不如别人。人生而不同，本身有强也有弱，但为什么有人那么自信？一个重要的原因是自信的人善于关注并发扬自身的优点，发挥自己的优势潜能。

※ 生涯故事

爱因斯坦

爱因斯坦是 20 世纪最伟大的科学家，追随他的人称他为继耶稣后最伟大的犹太人，摩西之后最伟大的人，更有人称他为"犹太圣人"。他曾被推举担任以色列总统，但他婉言拒绝道："我整个一生都在同客观物质打交道，因而既缺乏天生的才智，又缺乏经验来处理行政事务以及公正地对待别人。所以，本人不适合如此高官重任。"爱因斯坦能清楚地知道自己的优势和劣势，这也正是其伟大之处。

艾森豪威尔

第二次世界大战战场上所向披靡的艾森豪威尔，在战后应邀担任了哥伦比亚大学校长一职，但其不仅没有取得瞩目的成就，还饱受争议。后来，他离职参加总统竞选，顺利当选美国第 34 任总统，并于 1957 年获得连任。他说："如果没有坐对位置，校长比总统更难当。"

【想一想】

你的优势在哪儿？该如何找到你的优势并将其充分发挥出来呢？

> 小贴士：每个人都有与生俱来的天分，当这些天分得到充分发挥时，自然能够为自己带来极致的快乐。所谓好工作，就是能把它做好且人又乐在其中的工作。

※ 生涯认知

一、能力的概念、类别和了解途径

什么是能力？能力是顺利完成某种活动所必需的，并直接影响活动效率的心理特征。

能力有先天具有和后天培养两种获得方式，可以分为能力倾向和技能两个类别。能力倾向是上天赋予每个人的特殊才能，如音乐才能等，它是与生俱来的，不过也有可能因为未被挖掘而荒废。技能则是经过后天的学习和练习而形成的能力，如阅读能力、语言表达能力、人际交往能力等。

了解能力的途径包括自我评价法、活动观察法、心理检测法、客观评价法、比较评价法等。

二、多元智能

（一）多元智能的概念

每个人都有自己的天赋潜能，只有了解自己的优势，认识自己的能力，才能发挥出无穷的潜能，才能更容易取得成功；只有在擅长的领域发展，才能获得成就感和幸福感。

美国哈佛大学发展心理学教授霍华德·加德纳博士于 1983 年在《智能的结构》一书中提出了"多元智能理论"，目前该理论已经广泛应用于欧美国家和亚洲很多国家的教育领域，并且获得了巨大的成功。霍华德·加德纳指出："人类的智能是多元化而非单一的，每个个体生来就具备发展八种智能的潜能，每个人都拥有不同的智能优势组合，都有自己的智能优势。"每个人的智能发展都是有差异的，个体身上都有闪光点和可取之处。因此，学校里没有所谓的"学困生"，只存在"有差别的学生"。一直以来，传统的看法主要是用语言智能、数理逻辑智能的强弱和学科成绩的优劣来评判一个人是否聪明，以至于不在此方面占优势而在其他方面具有特长的个体经常被忽视。显然，传统的智能理论已经不能让人正确地认识和评价自我，不利于对人的潜能的发现与发展。

（二）多元智能的类型

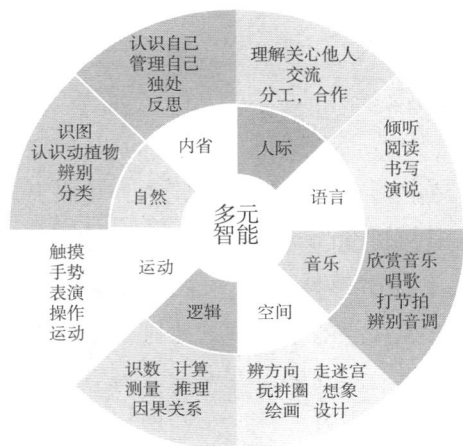

1. 语言智能

语言智能是个体在口头表达或书面表达等语言功能上的敏感度。拥有语言智能的人一般善于通过语言解决问题，他们喜欢阅读、写作，爱好文学。主持人、演说家、律师、诗人等都是拥有高水平语言智能的人。促进这种智能发展的学科有语言、文学等。

2. 逻辑—数学智能

逻辑—数学智能是个体运用逻辑和科学的方法来解决问题，包括运用数学函数等。拥有逻辑—数学智能的个体善于通过逻辑过程，如形成假设、进行实验、得出结论等进行思考和解决问题。拥有这种智能的个体包括数学家和科学家。提高这类智能的学科有数学、物理、化学、计算机等。

3. 音乐智能

音乐智能是指音乐欣赏、乐器演奏、作曲等能力。这类智能包括对节奏、旋律、音调等的敏感度。音乐智能强的个体喜欢唱歌、演奏、作曲等。歌手、作曲家、器乐演奏者都是拥有这一智能的个体。通过音乐和韵律活动可以培养这种智能。

4. 身体—运动智能

身体—运动智能体现在个体用他的身体或身体的某部分来表达感觉、情绪等的能力，如表演者、舞蹈家等。身体—运动智能的另一种表现是个人能够巧妙地运用工具的能力，如木匠、雕塑家等。拥有这一智能的个体擅长通过舞蹈、运动等活动来展示该智能。想要加强这类智能，可以通过学习体育、舞蹈、绘画等活动来实现。运动员、舞蹈家、外科医生等是专业人士中拥有这一类型智能的个体。

5. 空间智能

空间智能是指个体能够准确地感知空间和环境，并对其感知进行转换的能力，如建筑师等。空间智能的首要条件是拥有对形状、颜色、线条、空间和它们之间的具体关系的敏感性以及个人感知事物或空间的能力，如飞行员、航海家等。拥有这类智能的个体喜欢绘画、设计等。绘画、设计等科目都能增强个体在这类智能上的发展。在专业领域方面，飞行员、航海家等专业人士都体现出空间智能的能力。

6. 人际智能

人际智能表示个体对他人意图、需求、动机的敏感能力，并能够与人和谐共处。人际智能指的是个体拥有识别和接收他人发出的信息的能力，以及对他人的情绪做出有效反应的能力。拥有此类智能的个体喜欢组织社会活动、调解纠纷等。通过学习社会学、政治、公民教育等科目能够培养个体的人际智能。多参与社会团体、志愿服务、学生委员会等活动能加强个体在这方面的能力。拥有这类智能的个体包括政治领袖、社会工作者、辅导员等。

7. 自省智能

自省智能是指个体理解自己，包括自身的情绪、需要、优势、弱点、恐惧等，并且能够利用这种自我了解来调节自身生活的能力。通过学习心理学、哲学等学科能够增强自省智能。拥有这种智能的个体包括哲学家、心理学家等。

8. 自然探索智能

自然探索智能是指个体具有识别和分类许多自然界物种的能力，对自然世界充满兴趣。拥有自然探索智能的个体表现出一种热爱生命的本性。通过学习植物学、动物学、生态学等科目能够培养个体的自然探索智能。

（三）多元智能与职业

多元智能与职业具体如表 2-2 所示。

表 2-2 多元智能与职业

智 能	智能表现	工作技能	代表性职业
语言智能	词汇丰富，善于运用修辞；有语言天赋，能很快学会外语、方言等；擅长快速阅读、写作、讲故事等；擅长欣赏、创作各类文学作品	与人交谈、写作、用言辞表达、口译、笔译、教学、编辑、计算机文字处理、归档、报告等	编辑、主持人、翻译、作家、新闻记者、律师、秘书、语文教师等
逻辑—数学智能	对数字和事物间各种关系非常敏感、擅长通过数理运算和逻辑推理进行思维；有很强的数学运算能力；善于通过数据分析揭示现象与规律；有很强的抽象思维能力	理财、经济研究、推理、会计、计算、统计、审计、推测、分析、组合、归类等	数学家、审计师、会计师、科学家、统计学家、经济学家、计算机分析师等
音乐智能	对音乐高度敏感，擅长通过音乐表达情感和想法，能够创作或改编音乐	唱歌、弹奏乐器、指挥、即兴创作、作曲、调音、编写管弦乐、音乐赏析、评论等	音乐家、钢琴调音师、作曲家、音乐教师、歌手等
身体—运动智能	能够轻松自如地控制身体；善于用体态表达自己的情感和想法；擅长舞蹈，动作优美、灵巧；善于运动；动手能力强，擅长使用工具	平衡、跑步、手工艺制作、修理、组合安装、表演、戏剧表演、服装展示、跳舞、运动、旅行等	舞蹈演员、体育教师、编舞者、职业运动员、模特、技工等
空间智能	对色彩、线条、形状、结构、位置等高度敏感；形象思维能力强，善于将文字、想法转化成图像；有敏锐的定位感和方向感	画图、想象、图书制作、设计、创意、发明、图解、制表、制图、摄影、装饰、影片制作等	工程师、建筑师、城市设计师、摄影师、美术教师、绘图员、飞机驾驶员、雕刻家等
人际智能	能够敏锐地觉察他人的情绪、动机和意图，并做出合理的反应；可以与他人融洽相处；善于处理人际交往中出现的各种状况	服务、接待、沟通、交易、心理咨询、顾问、评核他人、说服、激发动机、推销、谈判、仲裁、洽谈等	行政主管、社会学家、心理辅导员、公关人员、推销员、导游、社会工作者、人事行政人员等

续 表

智 能	智能表现	工作技能	代表性职业
自省智能	清晰地觉察自己的情绪、想法等，并做出合理的调整；善于站在他人的角度考虑问题；有明确的目标；对人对事会形成自己的价值判断标准和行为准则	执行决策、单独工作、自我提升、设定目标、达成目标、评定、估算、规划、组织、明察、待机、自省、自知等	心理学家、心理治疗师、哲学家等
自然探索智能	善于观察动物习性、生态环境等，擅长学习生物等科目及相关实验课程，擅长养花或照顾小动物	标本制作、种苗培育等	生物学家、动植物学家、园艺师等

※ 生涯活动

绘制多元智能图

请仔细阅读表 2-3 的每项描述，根据自己的实际情况在"是"或"否"上打"√"。

表 2-3　多元智能测试

序　号	项　目	是	否
1	我对篮球或足球等集体运动的兴趣胜过游泳等单人运动		
2	我在说话或做事时习惯澄清事情的因果关系		
3	我对新鲜事物充满好奇和探索的欲望		
4	我觉得几何比代数容易学		
5	我常以打油诗、双关语自娱或娱人		
6	在学习新技能时，我需要实际操作，而不是光凭阅读材料		
7	我喜欢创作或编排故事		
8	我擅长逻辑思考、归纳、推理		
9	我熟知并着迷于大自然中动植物的形态		
10	我有很好的嗓音		

续　表

序　号	项　目	是	否
11	我有一些重大的人生目标，并经常思考自己的目标		
12	用某种方法对事物进行统计、归类、分析，让我感觉到更加舒服		
13	与人交谈时，我经常使用肢体语言		
14	我在读、说或写出文字之前，能在脑海中听到它们		
15	我喜欢学习素描、雕塑、绘画或其他视觉艺术		
16	我经常积极地质问"我是谁"，以形成个人的生活态度		
17	我在学习时经常打拍子或哼出优美的旋律		
18	我经常对自然界发生的事件发表评论		
19	闭上眼睛，我能看见清晰的视觉形象，如一棵树、一只鸟		
20	我经常参加至少一种体育活动		
21	我经常注意自然界中的新发现，如考古、植物新品种等		
22	同学、朋友在遇到问题时，会第一个向我求助		
23	我在散步、慢跑时头脑最灵活，最能想出好点子		
24	我学习语文、社会科学和历史比理科容易		
25	我对色彩敏感，经常用相机捕捉事物		
26	我喜欢并擅长辨识音调和声音		
27	我喜欢运用演讲、对话、辩论等各种形式与人交流		
28	一首乐曲只要听过一两次，我大致就能哼唱		
29	我最喜欢数学或自然科学		
30	我能演奏一种乐器		
31	我擅长与他人合作，喜欢置身于人群之中		
32	我擅长运动，我的身体协调性好		
33	我在复杂的社会中能够扮演好自己的角色		
34	我方向感强，在陌生的地方不会迷路，理解地图有天赋		
35	我喜欢把自己的知识传授给其他人		
36	我经常独自沉思默想或思考重大的人生问题		
37	我有丰富的动物、植物或矿物特征方面的知识		
38	周末我宁愿一个人看书，也不愿与众人喧闹玩耍		
39	我对最新的科学研究很感兴趣，并注意和搜集相关资料		

续 表

序 号	项 目	是	否
40	我有自知之明，清楚地了解自己的长处与短处		
41	我喜欢看有图画的读物		
42	在谈话中，我经常提到读过或听说过的内容		
43	我身体力行地体验、接触以及了解动物、植物或矿物		
44	我对他人的心情与感受能感同身受		
45	如果没有音乐，我的生活将变得枯燥乏味		
46	我喜欢动手的作业，如雕刻、木工或制作模型		
47	我会指出人们在日常言行中的不合理、矛盾之处		
48	我了解自己的品位，尊重自我的独特性		

各智能对应的项目见表2-4，选"是"记1分，"否"记0分，请你计算自己在不同智能方面的得分，并填写在表2-4中。

表2-4 多元智能测试得分表

多元智能名称	对应题号	总分
语言智能	5，7，14，24，27，42	
逻辑—数学智能	2，8，12，29，39，47	
音乐智能	10，17，26，28，30，45	
身体—运动智能	6，13，20，23，32，46	
空间智能	4，15，19，25，34，41	
人际智能	1，22，31，33，35，44	
自省智能	11，16，36，38，40，48	
自然探索智能	3，9，18，21，37，43	

根据每种智能的分数，在下图中绘制自己的多元智能图，分析自己的能力组合。

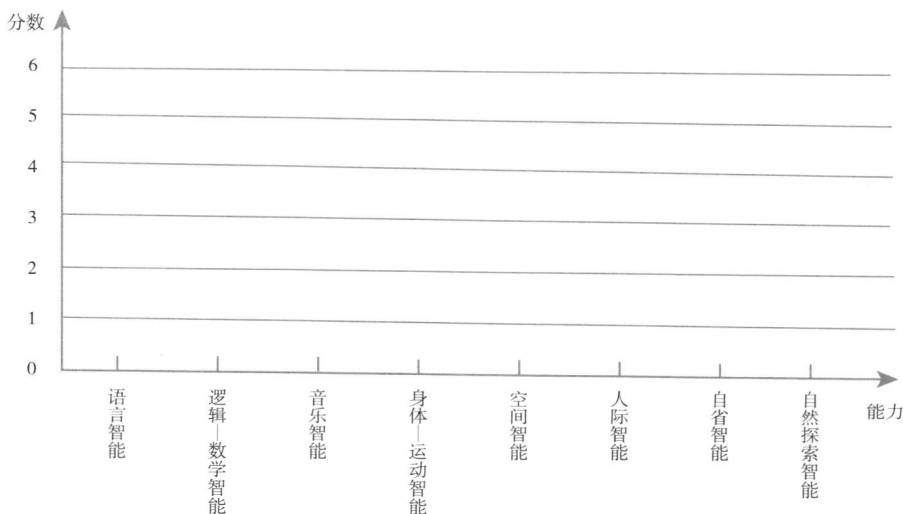

纵轴刻度：6 5 4 3 2 1 0

横轴标签：语言智能　逻辑—数学智能　音乐智能　身体—运动智能　空间智能　人际智能　自省智能　自然探索智能　能力

※ 生涯拓展

【讲一讲】

　　成就故事 STAR 法则是情景（situation）、任务（task）、行动（action）、结果（result）四项的缩写，是一种讲述自己故事的方式。有成就感的故事往往能折射出一个人的能力。在讲有成就感的故事时，每一个故事都应包括四个因素：你想达到的目标是什么；要达成目标，你会面临什么困难；你采取了哪些具体的行动，即你是如何逐步克服困难达成目标的；结果如何，即你取得了什么成就。讲出在生活、学习中让你有成就感的事情，对这些事情进行具体分析，看看其中体现了多元智能中的哪些能力。

【查一查】

　　www.jobsoso.com 是一个专门的职业分类网站，对职业的工作内容和技能要求有详细的说明，请参考此网站，尝试对自己的能力的相关问题进行专业分析。

※ 参考文献

[1] 吴才智，陈国平 . 生涯规划与管理 [M]. 重庆：重庆大学出版社，2017.

[2] 缪仁票 . 成长自己的样子 [M]. 杭州：浙江大学出版社，2018.

[3] 玛利亚·伊芙琳特里 . 社会科课程研究中的多元智能：以希腊为例 [J]. 当代教育与文化，2018，10（6）：7.

[4] 鲍向阳 . 基于多元智能理论的职业生涯规划教学初探 [J]. 探索，2012（21）：2.

[5] 谢文婷 . 我的能力我的梦——高中生生涯规划课能力探索教学案例 [J]. 中小学心理健康教育，2016（2）：16–18.

主题 4 · 性格探索

※ 生涯导航

你了解自己的性格吗？你知道你的性格是如何形成的吗？你的性格是否匹配你心目中的大学专业？

世界上没有两片完全相同的树叶。

——莱布尼茨

威廉·詹姆士曾经说过："播下一个行动，收获一种习惯；播下一个习惯，收获一种性格；播下一种性格，收获一种命运。"世界上所有的人都是独一无二的个体，在处理问题的方式上都带有自己的性格特征，在人际交往、工作态度等方面所表现出来的行为也大相径庭。可以说，性格已成为人与人之间的重要差异，这些差异在某种程度上也影响着人们的职业选择。因此，我们在选择大学专业时，一定要清楚自己具有哪些性格特征，尽量选择适合自己性格特征的专业。

※ 生涯故事

人物传记——荣格

荣格，1875 年出生于瑞士，因家庭的原因，他从小便是一名性格忧郁的孩子，他在童年时期绝大多数时间都是与自己做伴。他常常幻想，并用游戏等方式来自娱自乐，打发时间。

他 6 岁时开始上学读书，在与同学交往的过程中，他惊喜地发现家庭之外的另一番情景，这触动了他对人生的思考。

12 岁时，命运再一次对他不公，在与同学做游戏时，他被同班一名男同学推倒在地，以后的几个月，他常常昏厥。他的父母不惜一切代价四处求医，但治愈的效果微乎其微，后来他通过自己惊人的意志力治愈了自己的这种怪病。

在求学的过程中，荣格起初的计划是修习人文科学或者自然科学，也曾考虑过成为考古学家。

20 岁的荣格进入巴塞尔大学主修医学，在校期间他刻苦钻研，发表了关于心理学和神学的演说，还选修了神经医学方面的课程。后来，他发现自己对神经医学并不感兴趣。

30 岁时，他任苏黎世大学的精神医学讲师，主讲精神心理学和原始人心理学两大板块。46 岁时，他出版了《心理类型》，主要探讨头脑意识对世界可能产生的态度。此书内容得到了同行的认可，也使他成为心理学界的领军人物。

第二次世界大战结束后，他出版的《心理学与宗教》一书在宗教界引起了强烈的反响。

1946—1952 年，他先后出版了《论精神的实质》《埃里恩：自身的现象学研究》《答约伯》及《共时性：相互关联的偶然性原理》四部著作。1961 年，荣格在瑞士库斯纳赫特逝世，享年 86 岁。

【想一想】

（1）通过阅读上述荣格的人生经历，你觉得荣格具有哪些方面的性格特征？

（2）通过总结荣格的人生经历，你收获最大的是什么？

小贴士：动物与人最根本的区别是，人能学会自我控制、自我调节，人具有主观能动性，性格受家庭、学校等多方面因素的影响。荣格用自己坚韧不拔的精神为人类社会的发展做出了巨大的贡献。

※ 生涯认知

一、性格的概念

从心理学的角度讲，性格是人对社会现实的稳定状态和习惯化行为方式的总和，表现为每个个体独特的心理特征。它主要表现在人们在面对问题时所表现的"做什么"与"怎么做"两个方面。"做什么"反映了人们对社会现实的态度与状态，表明人们要学会追求什么、拒绝什么；"怎么做"反映了人们的行为方式，表明人们如何学会追求，如何学会拒绝。

二、迈尔斯－布里格斯性格理论

迈尔斯－布里格斯性格理论（Myers–Briggs Type Indicator）用字母MBTI 表示。MBTI 指标在瑞士心理学家荣格的性格理论的基础上，上升为四个维度的八种性格类型。它是美国心理学家伊莎贝尔·布里格斯·迈尔斯和她的母亲凯瑟琳·库克·布里格斯研究制定的。经过几十年的精心研究，她们成功编制了迈尔斯－布里格斯类型指标，实现了理论与实践的结合。

三、迈尔斯－布里格斯 MBTI 理论测试

（1）性格探索一——从能量获得途径进行分析 [外向（E）和内向（I）]。

能量倾向是将自己的注意力集中于外部世界的人和事，还是关注自己内心世界的真实想法？你打算从何处获得这些活力？

外向（E）：做事情热情洋溢，富有朝气；在某些场合善于表达；说与想同时进行，一般语速快、嗓门较高；因容易受到外界干扰；平时喜欢人多的场合，喜欢关注问题的广度。

内向（I）：做事谨慎稳重，遇事能冷静分析；在某些场合不会主动表达，说话时先想再说，一般语速慢、语调平稳；注意力不容易受到外界干扰；平

时喜欢独自消磨时间；喜欢关注问题的深度。

（2）性格探索二——从接收信息的方式进行分析 [感觉（S）和直觉（N）]。

当外界有新的信息出现时，你将如何获取信息？

感觉（S）：谈话时目标清楚，思维连贯；特别关注真实存在的东西；喜欢做实际性的工作；留心细节，关注现在，做事以客观现实为依据。

直觉（N）：谈话时目标宏观，思维跳跃强；特别关注事物背后的生成性原因；喜欢做创造性的工作；关注总体，着眼未来，习惯用比喻推理等方式来思考问题。

（3）性格探索三——从处理信息的方式进行分析 [思考（T）和情感（F）]。

当接收信息后，你如何处理信息？

思考（T）：分析事情的行为冷静，遵照客观事情进行逻辑推理，按照相关法律法规公事公办；关注事情客观公平性；很少赞扬别人；一般说话生硬，人际关系方面不敏感。

情感（F）：分析事情冷静，行为温和，处理事情偏向道德评判与自己的主观想法；更关注个人情感与价值；习惯表扬他人；一般说话友善、委婉，人际关系方面和谐，尽量避免矛盾争执。

（4）性格探索四——从采取行动的方式进行分析 [判断（J）和知觉（P）]。

当信息处理后，行动方式就是你如何与外部世界打交道，如何开展活动过程。

判断（J）：做事情条理清楚，计划明确；喜欢提前确定目标，按照目标努力；能遵守规章制度；面对新的任务，总是急于优先完成任务；在衣着方面很注重整洁、美观，工作环境干净、整洁。

知觉（P）：做事情条理性不够，弹性空间大；不喜欢提前拟订计划，经常改变目标；面对一项新任务，不喜欢被束缚，到任务截止点才完成；衣着以舒服为标准，对工作环境要求不高。

在 MBTI 理论测试过程中，我们需要注意每个维度只选择相对比较偏好的一个，也就是二选一。

在实际生活中，我们每个维度的两个方面都会运用到，只是其中某一个方面用得更得心应手，就好比我们习惯用右手写字一样，这些结果没有对与错，是相对的。因此，我们对于性格理论测试的结果要学会用辩证的思维来看待，仅仅作为我们生活的参考依据之一，而不能起绝对主导作用。

※ 生涯活动

（1）用左手和右手写自己的名字（或者写：中国我爱你）。

（2）画自画像：认真分析自己的性格特征，然后在白纸上用一段文字或图画的形式描绘自己，最后与同桌相互交流、相互补充。

※ 生涯拓展

【读一读】

四种气质类型及其特点

气质类型是心理学根据人的神经活动类型特点和行为方式，从四种不同维度进行的分类。古希腊的希波克拉特医生认为人体内有血液、黏液、黄胆汁和黑胆汁四种液体。罗马的盖伦医生从希波克拉特医生的学说出发，根据四种液体在人体内的比例不同，提出人的四种气质类型，也就是我们常说的多血质、胆汁质、黏液质、抑郁质。这四种气质类型分别有以下特征：

多血质也称活泼型，人体内的高级神经活动强且平衡、灵活，主要表现为活泼、好动、敏感、反应迅速，喜欢与他人交往，注意力容易受到其他因素的干扰而转移，对一件事情的热情维持时间较短。

胆汁质也称兴奋型，人体内的高级神经活动强但不平衡，主要表现为直率、热情、精力充沛、情绪不稳、容易冲动，心境随环境的变化而变化剧烈。

黏液质也称安静型，人体内的高级神经活动强且平衡，表现为安静、稳重、反应缓慢，交流时语言较少，情绪不易外露，注意力稳定但难以转移，善于忍耐。情感过于淡漠，行动拘谨，不善于随机应变，缺乏创新精神。

抑郁质也称抑制型，人体内的高级神经活动较弱，表现为行动迟缓、性格孤僻、多愁善感，在与人交往时小心谨慎，在困难面前容易优柔寡断，主动性差。

推荐阅读书籍：《心灵深处的秘密》《不必火星撞地球：避开交际中的性格陷阱》。

※ 参考文献

[1] 林甲针，陈如优.高中生职业生涯规划与班级团体辅导 [M]. 福州：福建教育出版社，2015.

[2] 吴才智，陈国平.生涯规划与管理：高中版 [M].重庆：重庆大学出版社，2017.

主题 5·价值观探索

※ 生涯导航

前面我们分析了大家各自的兴趣领域及相对应的职业类型，但是兴趣爱好是我们选择职业的主导因素吗？

假设你现在即将步入社会，你是选择高薪但不喜欢的工作，还是选择喜欢但低薪的工作？

其实无论你如何选择，都是正确的。我们所处的环境以及其他各种因素的不同都会导致我们的想法不同，从而选择不同，而这些不同的想法就是我们今天要说的价值观。

※ 生涯认知

在生活中，我们经常面临选择，如什么是对，什么是错；哪些重要，哪些不重要；等等。每个人心中都有着自己的一杆秤，称量着周围事物的是非、善恶和主次关系，这杆秤就是我们的价值观。

职业价值观是指人生目标和人生态度在职业选择方面的具体表现，也就是一个人对职业的认识和态度以及他对职业目标的追求和向往。价值观测评有助于人们进行职业决策和提高工作满意度。

【想一想】

你认为生命中什么最重要？

※ 生涯活动

价值拍卖

1. 帅气或美丽的外表	6. 一个称心如意的伴侣
2. 受他人尊敬、具有社会威望	7. 至高无上的权力
3. 一生的健康	8. 环游世界
4. 有丰厚的收入	9. 有意义的工作
5. 生活安定、有保障	10. 为大众福利尽力，帮助更多的人

【游戏规则】教师展示参与竞拍的 10 件拍品，每个人手里有 1 万元，每件拍品起价 1000 元，最低加价 100 元，价高者得。

【注意】

（1）这 1 万元代表了你"一生的光阴和精力"，只要参与竞拍，无论是否拍得，你付出的"光阴和精力"都不会收回，即你手里的 1 万元要做出相应的扣减。

（2）如果出现一些好的拍品，可能会导致激烈的竞争，如果你未拍得，剩下的"光阴"，你将如何度过？

（3）也许你想要的有很多，也许很少，这 1 万元无论是不够用还是用不完，都不是最合理的安排，你将如何规划以使它们发挥最大的作用？

小贴士：也许你对最后拍得的拍品并不是那么满意，也许活动结束了你也不清楚自己最想要的是什么。出现这样的情况是很正常的，不必为此懊恼。高中生正处于建立和形成个人价值观的生涯探索期，随着知识与阅历的增加，你就会慢慢清楚自己最想要的是什么了。

※ 生涯故事

钱学森归国

中华人民共和国成立之初处在一个极端艰难的时期，此时迫切需要科技人才来建设祖国。

当时，美国对这些科学家待遇优厚，以至于很多人认为他们不可能回国。但事实恰恰相反，面对如此丰厚的待遇，这些科学家仍然千方百计地选择回家，其中最著名的就是钱学森。那时，钱学森在科学界已经很有名了。人们都说钱学森当时放弃了优厚待遇回国，但你可知道当时他的待遇有多优厚？

像钱学森这样的科学家当然不仅仅是通过给大学生授课而得到报酬，最重要的是他还为美军做科学研究，其基本工资是每年5万美元。所以，即使钱学森不做任何事情，每年基本工资也有5万美元。

美国物理研究所的工作是一个铁饭碗。钱学森在那里每月可得到1600美元，全加起来，他每年的收入不低于10万美元。当时的10万美元是个什么概念？笔者通过查找相关资料得知，在20世纪50年代的美国，这些钱相当于美国一个普通家庭收入的20倍。按当时的物价，豪车、别墅可以随便买。

此外，比这些钱更重要的是美国人的尊重和提供的资源。在那个时期，钱学森在学校、美国军方甚至整个国际社会都受到尊重，即使是那些收入相同的人也很难得到和他一样的尊重。

除此之外，当时美国提供的实验研究条件和设备都是顶级的，只要钱学森需要它们，他就可以随时使用它们进行研究。但是，这种经济利益和美国政府的尊重都无法阻挡钱学森为国家服务的赤子之心，他毅然决然地选择回到当时急需人才的祖国。值得一提的是，在1955年钱学森返回中国之前，他的导师冯·卡门说，钱学森在学术上已经超越了他，甚至说，宁可在美国杀了钱学森，也不能让他走。

幸运的是，钱学森最终顺利回国。为了让子孙后代过上舒适、快乐的生活，钱老先生付出了很大的代价。每一次想到他，我们都应该充满敬意。

小贴士：价值观并不是一成不变的。因此，我们需要对自己的内心进行思考，明晰自己内心最看重的到底是什么。

※ 生涯认知

价值观澄清，即反思你选择的拍品或你内心认为最重要的东西是否是你"真实"的价值观。"选择""珍视""行动"这三个维度可帮助你澄清、辨别真假价值观。

※ 生涯故事

港珠澳大桥的总工程师——林鸣

港珠澳大桥能顺利竣工离不开我们辛劳的建设者。大桥的总工程师林鸣在刚刚接手这项任务时还是满头黑发，可2018年港珠澳大桥竣工他接受采访时，头发已花白。几年的时间里，他瘦了，也老了。他在一次采访中说道："确实，在不少外国专家眼里，我们中国人当时的海底隧道技术也就相当于小学生的水平。但是，我总有个信念，桥的价值在于承载，而人的价值在于担当。"干大项目，必须勇于担当、敢于牺牲。牺牲"小我"，才能成就"大我"。在他的身上，我们看到了担当、责任心、爱国和敬业。

※ 生涯拓展

【辩一辩】

进行有关价值观的辩论赛，辩题："你想选择'小城房'还是'大城床'"。

【做一做】

（1）假设我们每个人都可以活到 80 岁，也就是近 3 万天的时间，去除孩童和年迈的时光，能够创造价值、实现价值的黄金时间段折算下来也就是 1 万天的时间，这 1 万天就好比刚刚游戏时你手里的 1 万元，想想你要将自己这宝贵的时间向哪几方面付出努力？当然，这是一个长期的规划。你们现在的高中时期折算下来也就只有那 1 万天中的 1000 天，你将如何利用这重中之重的时间呢？

（2）职业价值观测试。

职业价值观测试量表

下面有 52 道题目，每个题目都有 5 个备选答案，请根据自己的实际情况或想法，在题目后面圈出相应的字母。每题只能选择一个答案（表 2-5）。通过测验，你可以大致了解自己的职业价值观倾向。

A. 非常重要；B. 比较重要；C. 一般；D. 较不重要；E. 很不重要。

表 2-5　职业价值观测试量表

序　号	项　目	职业价值观倾向				
		A	B	C	D	E
1	你的工作必须经常解决新的问题	5	4	3	2	1
2	你的工作能为社会福利带来看得见的效果	5	4	3	2	1
3	你的工作奖金很高	5	4	3	2	1
4	你的工作内容经常变换	5	4	3	2	1
5	你能在工作范围内自由发挥	5	4	3	2	1
6	你的工作能使你的同学、朋友非常羡慕你	5	4	3	2	1
7	你的工作带有艺术感	5	4	3	2	1
8	你的工作能使人感觉到你是团体中的一员	5	4	3	2	1
9	不论怎么干，你总能和大多数人一样晋级和涨工资	5	4	3	2	1

续　表

序　号	项　目	职业价值观倾向				
		A	B	C	D	E
10	你的工作使你有可能经常变换工作地点、场所或方式	5	4	3	2	1
11	在工作中，你能接触到各种不同的人	5	4	3	2	1
12	你的工作上下班时间比较自由	5	4	3	2	1
13	你的工作使你不断获得成功的感觉	5	4	3	2	1
14	你的工作赋予你高于别人的权力	5	4	3	2	1
15	在工作中，你能试行一些自己的新想法	5	4	3	2	1
16	在工作中，你不会因为身体或能力等因素被人瞧不起	5	4	3	2	1
17	你能从工作成果中知道自己做得不错	5	4	3	2	1
18	你的工作经常要外出参加各种集会活动	5	4	3	2	1
19	只要你干上某种工作就不再被调到其他意想不到的单位和工种上去	5	4	3	2	1
20	你的工作能使世界更漂亮	5	4	3	2	1
21	在你的工作中不会有人常来打扰你	5	4	3	2	1
22	只要努力，你的工资就会高于其他同年龄的人，升级或涨工资的可能性比干其他工作大得多	5	4	3	2	1
23	你的工作是一项对智力的挑战	5	4	3	2	1
24	你的工作要求你把一些事务管理得井井有条	5	4	3	2	1
25	你的工作单位有舒适的休息室、更衣室、浴室及其他设施	5	4	3	2	1
26	你的工作有可能让你结识各行各业的知名人物	5	4	3	2	1
27	在工作中，你能和同事建立良好的关系	5	4	3	2	1
28	在别人眼中，你的工作是很重要的	5	4	3	2	1
29	在工作中，你经常接触到新鲜的事物	5	4	3	2	1
30	你的工作使你能常常帮助别人	5	4	3	2	1
31	你在工作单位有可能经常变换工作	5	4	3	2	1

续　表

序　号	项　目	职业价值观倾向				
		A	B	C	D	E
32	你的作风使你受别人尊重	5	4	3	2	1
33	同事和领导人品较好，你和他们相处比较随意	5	4	3	2	1
34	你的工作会使很多人认识你	5	4	3	2	1
35	你的工作场所很好，如有适度的灯光，安静、整洁的工作环境，甚至恒温、恒湿等优越的条件	5	4	3	2	1
36	在工作中，你为他人服务，使他人感到很满意，你自己也很高兴	5	4	3	2	1
37	你的工作需要计划和组织别人的工作	5	4	3	2	1
38	你的工作需要敏锐的思考	5	4	3	2	1
39	你的工作可以使你获得较多的额外收入，如常发实物、常购买打折扣的商品、常发商品的提货券、有机会购买进口货等	5	4	3	2	1
40	在工作中，你不受别人差遣	5	4	3	2	1
41	你的工作结果应该是一种艺术产品而不是一般产品	5	4	3	2	1
42	在工作中，你不必担心会因为所做的事情领导不满意而受到训斥或经济惩罚	5	4	3	2	1
43	在工作中，你能和领导有融洽的关系	5	4	3	2	1
44	你可以看见你努力工作的成果	5	4	3	2	1
45	在工作中，你要常常提出许多新想法	5	4	3	2	1
46	由于你的工作，许多人来感谢你	5	4	3	2	1
47	你的工作成果常常能得到上级领导、同事或社会的肯定	5	4	3	2	1
48	在工作中，你尽可能做一个负责人，虽然可能只领导很少的几个人，但你信奉"宁做兵头不做将尾"的俗语	5	4	3	2	1
49	你从事的那种工作经常在报纸、期刊、电视中被提到，因而你在人们的心目中很有地位	5	4	3	2	1
50	你的工作有数量可观的夜班费、加班费、保健费或营养费	5	4	3	2	1
51	你的工作比较轻松，精神上也不紧张	5	4	3	2	1

续　表

序　号	项　目	职业价值观倾向				
		A	B	C	D	E
52	你的工作需要和影视、戏剧、音乐、美术、文学等打交道	5	4	3	2	1

①评分与评价。

上面的52道题分别代表13项工作价值观,每圈一个A得5分,B得4分,C得3分,D得2分,E得1分。请你根据下面介绍的每个价值观所对应的题号,计算一下每一项的得分总数,然后再依次列出得分最高和最低的三项。

②职业价值评价表。

a. 利他主义(2,30,36,46)。工作的目的和价值在于直接为大众的幸福和利益尽一份力。

b. 美感(7,20,41,52)。工作的目的和价值在于能不断追求美的东西,得到美的享受。

c. 智力刺激(1,23,38,45)。工作的目的和价值在于不断追求,进行智力的操作、动脑思考、学习以及探索新事物、解决新问题。

d. 成就感(13,17,44,47)。工作的目的和价值在于不断创新,不断取得成就,不断得到领导与同事的赞扬,或不断实现自己想要实现的目标。

e. 独立性(5,15,21,40)。工作的目的和价值在于能充分发挥自己的独立性和主动性,按自己的方式、步调或想法去做,不受他人干扰。

f. 社会地位(6,28,32,49)。工作的目的和价值在于所从事的工作在人们的心目中有较高的社会地位,从而使自己得到人们的重视与尊重。

g. 管理(14,24,37,48)。工作的目的和价值在于获得对他人或某事物的管理支配权,能指挥和调遣一定范围内的人或事物。

h. 经济报酬(3,22,39,50)。工作的目的和价值在于获得优厚的报酬,使自己有足够的财力去获得自己想要的东西,生活较为富足。

i. 社会交际(11,18,26,34)。工作的目的和价值在于能和各种人交往,建立比较广泛的社会联系和关系,甚至能和知名人物结识。

j. 安全感(9,16,19,42)。不管自己能力怎样,希望在工作中有一个安稳局面，不会因为奖金、涨工资、调动工作或领导训斥等经常提心吊胆，心烦意乱。

k.舒适（12，25，35，51）。希望能将工作作为一种消遣、休息或享受，追求愉快、自然、优越的工作条件和环境。

l.人际关系（8，27，33，43）。希望一起工作的大多数同事和领导人品都较好，相处时感到愉快、自然。认为这就是很有价值的事，是一种极大的满足。

m.变异性或追求新意（4，10，29，31）。希望工作的内容经常变换，使工作和生活丰富多彩，不单调枯燥。

得分最高的三项：第一项 _____ 第二项 _____ 第三项 _____ 。

得分最低的三项：第一项 _____ 第二项 _____ 第三项 _____ 。

※ 参考文献

［1］钟谷兰，杨开.大学生职业生涯发展与规划 [M].2 版.上海：华东师范大学出版社，2008.

［2］吴才智，陈国平.生涯规划与管理：高中版 [M].重庆：重庆大学出版社，2017.

［3］缪仁票.成长自己的样子 [M].杭州：浙江大学出版社，2018.

主题 6 · 生涯自画像

※ 生涯导航

你曾为自己画过自画像吗？你想通过自画像认识自己吗？绘画打开心门，认识真实的你。

知人者智，自知者明。

——老子

每个人都要用一辈子的时间认识和了解自己，到最后仍然不能百分之百地认识自己。认识自己的程度不同，结果也不同，认识和了解自己越多，走的弯路就会越少，不管是工作、生活还是情感。成功的人都是自我了解程度很高的人，只有认识和了解自己才能知道什么适合自己。

※ 生涯故事

盲人摸象

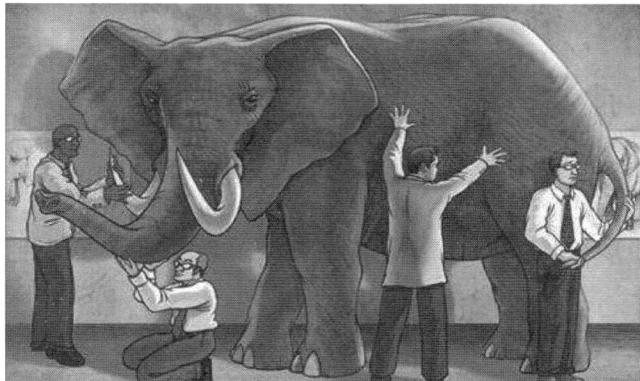

从前，四个盲人聚在一起聊天。有个赶象的人走过来，大声喊着："大象来了，大家让开点！"其中一个盲人便提议说："大象是什么样子的呢？咱们来摸一摸好吗？"另外三个盲人齐声说："好，摸一摸就知道了。"

他们向赶象的人说明了他们的想法，赶象的人同意了，把象拴在树上，让他们摸。一个盲人摸了摸大象的身子，说："我知道了，大象像一堵墙。"第二个盲人摸到了象牙，说道："大象和又圆又滑的棍子一样。"第三个盲人摸着象腿，反驳他们说："你们俩说得都不对，大象跟柱子差不多。"第四个盲人摸着大象的尾巴，大声叫起来："你们都错了！大象和粗绳子一模一样。"四个盲人你争我辩，都认为自己说得对，谁也不服谁。这时，赶象的人对他们说："你们都没有说对。一定要摸遍大象的全身，才能知道大象是什么样子。你们每个人只摸了大象的一部分，怎么能说得对呢？"

【想一想】

盲人摸象的故事与自我认识有什么相似之处？

> 小贴士：盲人由于看不见大象的全貌，仅凭自己对大象的局部感知就认为大象是自己摸到的样子。实际上，有时我们对自己的认识就像盲人摸象一样，只了解自己的一部分，以为这就是全部的"我"，殊不知这样的认知存在很大的局限性。

※ 生涯认知

生涯自画像

想要深入地了解自己的确有些难。因为我们很少能够仅凭自己进行自我评价，还需要通过他人的反应、反馈来了解关于自我的信息。不过，还有一种方式可以快速地让我们更加深入地了解自己，那就是自画像，即通过绘画的方式打开心灵，在绘画过程中认识真实的自己。

※ 生涯活动

生涯自画像

（1）自画像指导语："请将 A4 纸竖着放，在 10 到 15 分钟的时间内画一幅自画像，请不要画火柴人或漫画人，也不能画美术上的素描画。"要求在整个绘画的过程中，不要说话或与人商量，也不要模仿别人。

（2）在 A4 纸的空白处写出对自己的认识，包括职业兴趣编码、多元智能特征、性格特征、价值观判断等。

（3）小组成员互相交流自己的自画像，并相互交换意见和看法，最后综合自我意识和他人想法重新认识自己的自画像，从而认识自己。

※ 生涯拓展

【读一读】

斯蒂芬·威廉·霍金

霍金出生于 1942 年 1 月 8 日，这个时候他的家乡伦敦正笼罩在希特勒的狂轰滥炸中。霍金和他的妹妹在伦敦附近的几个小镇度过了他们的童年时光。多年以后，他们的邻居回忆说，当年霍金躺在摇篮车中，非常引人注目，他的头显得很大，异于常人，这多半是因为霍金现在的成就远远高于常人，邻居不由自主地要在记忆里重新刻画一下这个天才儿童的形象。不过，霍金一家在古板、保守的小镇上的确显得与众不同。霍金的父母都受过正规的大学教育。他的父亲是一位从事热带病研究的医学家，母亲则从事过许多职业。小镇的居民经常会惊异地看到霍金一家人驾驶着一辆破旧的二手车穿过街道奔向郊外，而汽车在当时尚未进入英国市民的家庭。正是这辆古怪的车子拓展了霍金一家自由活动的天地。霍金热衷于搞清楚一切事情的来龙去脉，因此当他看到一件新奇的东西时总喜欢把它拆开，把每个零件的结构都弄个明白，不过他往往很难再把它装回原样，因为他的手脚远不如头脑那样灵活，甚至写出来的字在班上也是有名的潦草。霍金在 17 岁时进入牛津大学学习物理。这是一段战后出现的青年人迷惘时期，他仍旧不是一个用功的学生，而这种学习态度在当时与其他同学一样，他们厌倦一切，觉得没有任何值得努力追求的东西。霍金在学校里与同学们一同游荡、喝酒、参加赛船俱乐部。如果事情这样发展下去，那么他很可能成为一个庸庸碌碌的职员或教师。然而，病魔出现了。

从童年时代起，运动就不是霍金的长项，几乎所有的球类活动他都不行。到牛津大学的第三年，霍金注意到自己变得更笨拙了，有一两回没有任何原因就跌倒了。一次，他突然无缘无故地从楼梯上跌下来，当即昏迷，差一点死去。直到 1962 年，霍金在剑桥读研究生后，他的母亲才注意到儿子的异常状况。刚过完 21 岁生日的霍金在医院里住了两个星期，经过各种各样的检查，他被确诊患上了卢伽雷氏症，即运动神经细胞萎缩症。医生对他说，他的身体会越来越不听使唤，只有心脏、肺和大脑还能运转，到最后，心和肺也会失效。霍金被宣判只剩两年的生命，这一年是 1963 年。起初，这种病恶化得相当迅速。这对霍金的打击是可想而知的，他几乎放弃了一切学习和研究，因为他认为自己不可能活到完成硕士毕业论文的那一天。然而，一个女子出现了。

这个女子叫简·瓦尔德。1962 年的夏天，简通过朋友认识了走路笨拙、脚步踉跄的霍金，后来又发生了几次偶遇。于是，他们坠入了爱河。不过，他们的爱情多了一丝苦涩。霍金对自己的病感到无望，因此不打算和简建立长期、稳定的关系。他们之间总是存在着一个第三者——死神。然而，爱情的力量无法抗拒。第二年的 7 月 14 日，简和霍金结婚了。多年之后，简在自己的回忆录《音乐移动群星》中写道："我非常爱他，任何东西都不能阻止我和他结婚，我愿意为他做饭、洗衣、购物和收拾家务，放弃我自己以前的远大志向。"与简的订婚使霍金的生活发生了真正的变化。为了结婚，他需要一份工作，为了得到工作，他需要一个博士学位。因此，他开始了自己一生中的第一次用功。令他十分惊讶的是，他发现自己很喜欢研究。爱情终于有了圆满的结局。然而，轮椅出现了。

霍金的病情渐渐加重。1970 年，在学术上声誉日隆的霍金已无法自己走动，他开始使用轮椅。直到去世，他再也没离开过轮椅。坐着轮椅的霍金极其顽强地工作和生活着。1991 年 3 月，霍金坐轮椅回柏林公寓，过马路时被小汽车撞倒，左臂骨折，头被划破，缝了 13 针，但 48 小时后，他又回到了办公室投入工作。又有一次，他和友人去乡间别墅，上坡时拐弯过急，轮椅向后倾倒，这位引力大师被地球引力翻倒在灌木丛中。虽然身体的残疾日益严重，但霍金力图像普通人一样生活，完成自己所能做的任何事情。他甚至是活泼好动的，这听起来有点好笑，在他已经完全无法移动之后，他仍然坚持用唯一可以活动的手指驱动着轮椅在前往办公室的路上横冲直撞；在莫斯科的饭店中，他建议大家来跳舞，他在大厅里转动轮椅的身影真是一大奇景；在与查尔斯王子会面时，他旋转自己的轮椅来炫耀，结果轧到了查尔斯王子的脚指头。当然，霍金也尝到过自由行动的恶果，这位量子引力的大师级人物，多次在地球引力作用下跌下轮椅。幸运的是，每一次他都能顽强地重新"站"起来。1985 年，霍金动了一次穿气管手术，从此完全失去了说话的能力。他就是在这样的情况下极其艰难地写出了著名的《时间简史》的，探索宇宙的起源。霍金取得了巨大成功，但生活的现实取代了爱情的浪漫，他和简的婚姻走到了尽头。

霍金的研究对象是宇宙，但他对天文观测从不感兴趣，只有几次用望远镜观测过。与传统的实验、观测等科学方法不同，霍金的方法是靠直觉。"黑洞不黑"这一伟大成就来源于他的一个闪念。在 1970 年 11 月的一个夜晚，霍金在慢慢爬上床时开始思考黑洞的问题。他突然意识到，黑洞应该是有温度的，这样它就会释放辐射。也就是说，黑洞其实并不那么黑，这一闪念在经过 3 年的思考后形成了完整的理论。1973 年 11 月，霍金正式向世界宣布，黑洞不断地释放出 X 光、伽马射线等，这就是有名的"霍金辐射"。而在此之前，人们认为黑洞只吞不吐。从宇宙大爆炸的奇点到黑洞辐射的机制，霍金对量子宇宙论的发展做出了杰出的贡献。霍金获得了 1988 年的沃尔夫物理学奖。

霍金的科普著作《时间简史》在全世界的销量已经高达 2500 万册，从 1988 年出版以来一直雄踞畅销书榜，创下了畅销书的一个世界纪录。在这本书里，霍金力图以普通人能理解的方式来讲解黑洞、宇宙的起源和命运、黑洞与时间旅行等。在《时间简史》一书的开头，霍金指出：有人告诉我，我在书中每写一个方程式，都将使销量减半。于是，我决定不写什么方程。不过在书的末尾，我还是写进一个方程，爱因斯坦的著名方程 $E=mc^2$。我希望此举不致吓跑一半我的潜在读者。现在看来，霍金完全是多虑了。

霍金的魅力不仅在于他是一个充满传奇色彩的物理天才，还在于他是一个令人折服的生活强者。他不断求索的科学精神和勇敢顽强的人格力量深深地吸引了每一个知道他的人。他被誉为"在世的最伟大的科学家""另一个爱因斯坦""不折不扣的生活强者""敢于向命运挑战的人"。

泰勒·本·沙哈尔

泰勒·本·沙哈尔（Tal Ben Shahar）博士是哈佛大学积极心理学和领袖心理学的讲授者，两门课程分别位列哈佛大学最受欢迎课程第一名和第三名。泰勒也是一名畅销书作家。

但很多人不知道的是，他一直到大学本科，都被认为不应该从事写作。

写作课程的老师认为，他的文章"全是小孩子腔调，主题不清，逻辑混乱"。

每次的写作课程都是他的噩梦，因为每次他的文稿都会受到老师的打击。

他努力改正，希望在主题、腔调和逻辑表达上能达到老师的要求。

最后，不管他怎么努力都收效甚微，直到写作课程结束，他也没能让老师满意。

在一次次的打击中，他逐渐失去了信心，差点就放弃了写作。直到写作课程换了一位新的老师。

当泰勒拿着一篇曾被上一位老师批得体无完肤的文章给新的老师看时，新的老师没有责备，只有鼓励，"你知识丰富，阅读量大，总能讲出那么多不同领域的观点，但可惜你没有将它们充分发挥出来"。

泰勒明白了原来在写作上，自己并不是一无是处，只是之前致力于改正缺点，却没有关注自己的优势。

此后，泰勒努力在"知识丰富、阅读量大"上做文章。

虽然文章原来的缺点还在，但老师刻意圈出他独具个人特色的部分，然后点评道："我看到了你丰富的知识、美好的回忆和惊人的想象力！"

神奇的事情发生了，泰勒逐渐恢复了自信心，而且逻辑混乱、主题不清的缺点也随着自信心的回归慢慢得到改善。

写作，从一开始的噩梦变成了泰勒最喜欢的事情。

直到今天，他已经写了 8 本畅销书。

在"改正缺点"和"发挥优势"这两件事上，谁在前、谁在后是一个需要智慧的选择题。

道理很简单，改正缺点是一个迎合和纠正的过程，也是一个自信心备受打击的过程，而发挥优势是一个如沐春风、自信心倍增的过程。

当你优先发挥优势，暂时忽略缺点时，能使自信心大增，然后再将自信心慢慢平移到改正缺点上。

可如果你优先盯着缺点，自信心从一开始就备受打击，就算有一些优势，也可能被低自信淹没。

人们往往会过分夸大失败或缺点的负面影响，以至于超出真实情况。与此相反，斯坦福大学心理学家阿尔伯特·班杜拉发明的概念"精熟体验"说的是，当一个人高效地完成某个任务或在一件事上表现较好，最终会让其体验到成功的感觉，而这种成功的感觉会反过来刺激他表现得更好，实现良性循环。

※ 参考文献

[1] 严文华 . 心理画外音 [M]. 上海：上海锦绣文章出版社，2003.

[2] 吉沅洪 . 树木—人格投射测试 [M]. 重庆：重庆出版社，2007.

第三部分　外部探索

主题 7·生涯资源库

※ 生涯导航

我是谁？我想做什么？我会做什么？环境支持或允许我做什么？我的职业与生活规划是什么？结合内外资源，规划自己的职业生涯。

任何的限制都是从自己的内心开始的。

教育是一个系统的工程，一个人受教育的途径有很多种，包括外部途径和内部途径，而环境将影响这些途径。比如，外部环境包括家庭教育、学校教育、社会教育。这些外部环境对人的影响至关重要，但一个人身处其中，其自我教育永远是最根本、最经常、最持久、最有效的一种教育，因为自我监督是最有效的。

※ 生涯故事

职业规划之我有什么资源，家庭？财富？或者我自己？

假如你出生在经营玉石的家庭，家里都是辨石、经营玉石的行家，这就是你的先天资源。先天资源主要是靠运气得来的，与生俱来的成长环境起了至关重要的作用。相比之下，获取后天资源就相对难得多，这在很大程度上要靠自己的辛勤劳动。比如，作为大学毕业生的你步入工作岗位，单位的领导、同事以及因业务往来建立的朋友关系就是你后天获得的资源，这些资源的稳定性虽然没有先天资源那么强，但也是不可缺失的。这时候影响生涯规划的决定性因素便是后天的努力程度，还是那句老话：你有多努力，就有多优秀。

在我们身边总有很多在我们看来很幸运的人，这些人拥有丰富的先天家庭资源。很神奇的是，一个人的成长环境或许是他一生都无法磨灭的印记，即使他自己不想融入，但难以避免地身处其中。我有一个朋友，他在毕业后便立即开始了他的创业生涯。小时候的他内敛、木讷，更说不上有多聪明，但后来他变得果断、坚强和有耐力，这是我们之前没有想到的，这离不开家庭环境赐予他的力量。他的家人给了他很大的支持和鼓励，一直没有放弃他，这些通过日积月累已经牢牢地扎根在了他的性格当中，是他一生都难以改变的性格特质。

这些都是很幸运的人，在他们还是懵懂少年时就被动地、顺其自然地耳濡目染家庭的职业氛围，顺理成章地继承了祖辈们留下的财富，享受着祖辈们留下的先天资源，这样的境遇是可遇而不可求的，并不是每个人都能拥有的。当然，一个人也不能仅满足于先天资源，最重要的是靠个人后天的奋斗，否则再好的牌也会被自己打坏了。

然而，我们绝大多数人都没有这么好的运气，我们很难从祖辈们那里继承财富与资源，就算我们的终极目标就是成为一个现代农民或工人，但我国的社会发展速度让我们很难从祖辈们那里得到工作经验，我们只能靠自己的力量从头开始，慢慢摸索。

有很多人包括我自己都很多次地自问：如果没有先天的资源，我们成功的可能性还大吗？答案是毋庸置疑的。但是需要我们具备较强的能力才能收获较好的结果。道理很老套，就是我们需要付出更多，比别人更勤奋、更刻苦、更坚持。拥有再好的先天资源也不可能安逸享受一辈子，人总要有所追求，总会有要靠自己的努力才能达成的目标，或大或小，最终收获成功的人从来都不是坐享其成的人，只有那些在漫长的岁月中顽强不屈地奋斗的人，才能独步天下。

我们大多喜欢乞求贵人帮助自己，但似乎没有察觉，每个人一生中最大的贵人就是自己。

【想一想】

以上案例对你有什么启示？你的生涯资源库里有些什么？你将如何整合这些资源，规划生涯？

小贴士：家庭环境、学校环境、社会环境以及自身因素都是生涯规划的影响因素，如何平衡和改善诸多因素对我们生涯发展的影响是值得我们思考的。

※ 生涯认知

通常来说，生涯规划除了受自身内在的因素影响外，还受外在因素的影响，如家庭资源、学校教育、社会环境等。这里我们主要探索几种常见的外在影响因素。

一、家庭资源

（一）家庭资源及种类

家庭资源的基本功能是维持家庭的正常需求，应对家庭的压力事件，解决家庭危机，让家庭成员有安全感。家庭应具备基本的物质资源。一个家庭应有充足的可利用资源，以有利于家庭及其成员的健康发展。家庭资源一般包括家庭内资源和家庭外资源两个方面。

1. 家庭内资源

家庭内资源主要有以下几个方面。

（1）经济供给：家庭为各成员提供财力上的支持。

（2）情感支持：家庭资源的根基是爱与关心，适度的关爱可以防止溺爱或漠视的情况发生；当家庭面对压力时，各成员提供的感情支持与精神安慰也是最有效的资源。

（3）健康管理：家庭维护各成员的身体健康和对患病成员提供医疗上的照顾。

（4）信息和教育：在面对家庭压力和困难时，受教育程度高，知识、经验丰富者，往往能提出合理的解决方案，使资源发挥更大的作用。

（5）结构支持：家庭通过改变居住条件、设施设备，适应其成员的需求，如为行动不便或患病成员设置墙壁扶手、浴厕扶栏等。

2. 家庭外资源

家庭外资源有以下几个方面。

（1）社会资源：包括家庭以外的社会群体，如朋友、同事、邻居等，都可以在精神上为家庭成员提供支持，或者政府的社会福利机构也可以为家庭成员提供物质、设备、资金上的帮助。

（2）文化资源：多姿多彩的文化资源可以提高家庭生活的品质，让家庭生活更充实，化解家庭成员的负面情绪，释放家庭成员的压力。

（3）经济资源：稳定、充足的经济资源可以让家庭应对日常生活的经济需求，并为家庭成员提供基本的生活保障。

（4）教育资源：通过各种学历、非学历的教育、培训可提高家庭成员的教育水平，同时使大家缓解生活压力的能力有所提高。

（5）医疗资源：完善的医疗卫生服务体系可以为家庭成员的健康提供基本的保障。

（6）环境资源：良好的环境资源可以为家庭及其成员提供适宜的生活环境和生活空间。

（二）家庭危机及其分类

家庭危机是指家庭在生活的某个阶段出现的、用以前的方法不能克服当下的困难或障碍，均衡状态向不均衡状态发展的状况。

当一个家庭出现危机时，通常表示家庭有压力事件发生。压力事件是指可导致人心理失衡的刺激性事件。

家庭资源的充足与否决定着家庭对压力的应对、调试能力。若家庭资源充足，则家庭可通过调试恢复正常功能；若家庭资源缺乏，则家庭调试能力不够，将会导致家庭失衡，即所谓的家庭危机。家庭危机有以下几个方面：由意外事件引发的危机、家庭发展中伴随的危机、与照顾者有关的危机和家庭结构本身带来的危机。

（1）由意外事件引发的危机：这类危机所导致的家庭失衡往往难以预测，如疾病、灾害、意外事故等。

（2）家庭发展中伴随的危机：升学、就业、结婚、生育、退休、丧偶、离异等也会导致家庭失衡状况的出现。

（3）与照顾者有关的危机：家庭因某些原因需要长期依赖外部力量而造成的危机，如家庭靠福利机构救济生活，家庭某一成员长期患病，需要照顾和经济支援等。

（4）家庭结构本身带来的危机：家庭因内部结构混乱造成的家庭矛盾突出而陷入危机。这种危机常见于酗酒家庭、暴力事件多发家庭以及通过自残、离家出走等方式应对普通压力的家庭。

家庭是一个人最初生活和成长的环境，也是最早、最亲密的小环境，其对中学生的生涯规划有较大的影响。一般而言，家庭影响主要有家庭期望、家庭需要、家庭支持力度。

家庭环境对中学生生活的每一阶段都有较大影响。家人的态度、价值观、行为特点等不可避免地会影响到学生对某方面的偏好，也可能影响其选择某一科目等。

二、学校教育

学校教育对学生个体的发展存在显著的影响，具体有以下几个方面。

（1）学校教育对个体的发展方向做出了社会性规范，这符合个体的基本要求。

（2）学校教育的特殊功能之一是加速个体的发展。

（3）学校教育具有及时的价值和延时的价值，如基础教育在个体发展中就有此作用。

（4）学校教育还可以挖掘个体的特殊才能，发展个人特性。

学校教育的概念与社会教育相对，是由专业人员承担、在专门的机构中进行目的明确、组织严密、系统完善、计划性强的教育，是以影响学生身心发展为直接目标的社会实践活动。

学校教育专指受教育者在各类学校内所接受的各种教育活动，是教育制度重要的组成部分。一般来说，学校教育包括初等教育、中等教育和高等教育三个方面。

学校教育是个体一生中所受教育的重要组成部分，学校教育可以为个体发展提供计划性的指导，使其系统地学习文化知识、社会规范、道德准则和价值观念。个体社会化的水平和性质在某种程度上可以由学校教育决定，学校教育是个体社会化的重要基础。知识经济的新时代要求社会尊师重教，因此学校教育应该越来越被重视。

学校教育提供的资源配置对学生成绩的影响主要有两个方面：一是直接影响，即不同的学校资源配置直接影响学生的平均成绩；二是间接影响，即通过不同的学校资源配置强化或弱化家庭背景对学生成绩的影响。实践表明，较高的师生比例和提供充分的生均公用经费能够弱化家庭背景对学生成长的影响。因此，为应对学生家庭的不同影响，学校可以适当增加教育投入，尽量缩小因家庭背景不同而导致的教育质量差异，使教育均衡发展。

三、社会环境

社会环境包括社会政治、经济体制、人才市场管理体制、社会文化习俗、职业社会评价等。社会环境的影响包括社会阶层、经济发展水平、社会文化环境、政治制度和氛围。社会环境中普遍的工作价值观、政治经济形势、产业结构和社会文化变迁等因素会对学生专业的选择乃至以后职业的选择产生影响。

※ 生涯活动

【想一想】

（1）影响职业生涯规划的外在因素有哪些？

（2）如何对职业生涯规划的外在影响因素进行分析？

（3）环境因素如何影响职业生涯发展？

※ 生涯拓展

【学一学】

5W分析法

5W 分析法是用五个"what"来思考个人的职业生涯规划问题，具体来说就是要解决职业生涯规划的 5 个具体问题。如果能够成功解答出这 5 个问题，就有了最后的答案。

一、Who are you

Who are you，是指个体要进行深刻的反思，对自己的优缺点有充分的了解，对自己有一个更具体、更全面、更客观、更清醒的认识。

二、What do you want

What do you want，是指个体要有目标，清楚地知道自己想要什么样的职业和什么样的生活。

三、What can you do

What can you do，是指个体要清楚地了解自己的能力，知道自己能做什么或者哪些方面可能有发展的潜力。这是对自己能力的考量。个体职业的定位必须以自身的实力、能力作为根基，而自身潜力的大小将影响个体职业发展的空间。

四、What can support you

What can support you，主要是指周围环境资源带来的帮助，这种帮助对个体自身发展是有利的。个体可以结合主客观因素深入调查做可行性分析，这些分析包括经济发展、政策、制度、职业空间、社会企业发展等客观因素以及朋友关系、社会人脉等主观因素。

五、What you can be in the end

What you can be in the end，是最终职业目标的确立。当然，对这个问题的回答是以前四个问题为基础的。

主题 8 · 专业探索

※ **生涯导航**

　　我有哪些特长？我喜欢哪些专业？我最适合报考哪些专业？综合考虑，选择适合自己的大学专业。

　　一个人如果选择一个自己不喜欢的专业，可能会度过无穷无尽的煎熬时光，这是一件极其痛苦的事情。大学毕业后很多人面临就业，而影响就业的因素有很多，既要权衡利弊，进行全面综合的考虑，又要不忘初心，遵循内心的想法。好的专业不仅能让一个人利用其专业知识在社会上有施展的空间，还能让其为社会做出贡献，成就个人价值。

※ 生涯故事

"职业清零"，追求新梦

转行的人都是为了让自己的价值得到更好的体现。人们总说"隔行如隔山"，但其实"隔山不隔理"。以下是笔者搜集整理的李宁转行成功的故事，希望对大家有所帮助。

李宁，世界公认的"体操王子"，1990 年创建李宁品牌，并在 2004 年达到 16.77 亿元的身价。之后，李宁领导着自己的公司向着品牌国际化的目标阔步迈进。将个人形象转换成品牌形象是李宁的成功之处。李宁在自己获得成功的同时，还为中国民族体育品牌走向世界奠定了基础。李宁成功的原因虽然有其之前的名望因素，但并非每一位名人在取得成绩之后都有魄力将之前的"职业清零"，而且在转行之后能够保持原来的奋斗精神以及向上的状态。李宁将自己先前的辉煌装进"包裹"，放在回忆的角落，轻装上阵，低调做事，最终实现了自己的第二梦想——一名成功的民营企业家。

【想一想】

（1）从李宁转行选择到最后成功，说明了什么？

（2）一个人有很多爱好，也可能有很多特长，如何根据爱好、特长选择自己的未来职业？

> 小贴士：尽管有人说"隔行如隔山"，但是愿意去尝试转行的人还是络绎不绝。在一个拥有 2600 多份样本的调查问卷中，35.45% 的受访者表示曾经转行过一次，转行两次的人数比例占到 15.02%，转行三次及三次以上的达到 12.78%。仍有 36.75% 的受访者一直在原行业工作，从来没有转过行。

※ 生涯认知

据教育部相关文件显示，中国大学共有 12 个本科学科门类、92 个大学专业类、771 个大学专业。

一、12个本科学科门类

（一）教育学

①教育学类；②体育学类。

（二）哲学

哲学类。

（三）经济学

①经济学类；②财政学类；③金融学类；④经济与贸易类。

（四）法学

①法学类；②政治学类；③社会学类；④民族学类；⑤马克思主义理论类；⑥公安学类。

（五）文学

①中国语言文学类；②外国语言文学类；③新闻传播学类。

（六）历史学

历史学类。

（七）理学

①数学类；②物理学类；③化学类；④天文学类；⑤地理科学类；⑥大气科学类；⑦海洋科学类；⑧地球物理学类；⑨地质学类；⑩生物科学类；⑪心理学类；⑫统计学类。

（八）工学

①力学类；②机械类；③仪器类；④材料类；⑤能源动力类；⑥电气类；⑦电子信息类；⑧自动化类；⑨计算机类；⑩土木类；⑪水利类；⑫测绘类；⑬化工与制药类；⑭地质类；⑮矿业类；⑯纺织类；⑰轻工类；⑱交通运输类；⑲海洋工程类；⑳航空航天类；㉑兵器类；㉒核工程类；㉓农业工程类；㉔林业工程类；㉕环境科学与工程类；㉖生物医学工程类；㉗食品科学与工程

类；㉘建筑类；㉙安全科学与工程类；㉚生物工程类；㉛公安技术类。

（九）农学

①植物生产类；②自然保护与环境生态；③动物生产类；④动物医学类；⑤林学类；⑥水产类；⑦草学类。

（十）医学

①基础医学类；②临床医学类；③口腔医学类；④中医学类；⑤公共卫生与预防医学类；⑥中西医结合类；⑦药学类；⑧中药学类；⑨法医学类；⑩医学技术类；⑪护理学类。

（十一）管理学

①管理科学与工程类；②工商管理类；③农业经济管理类；④公共管理类；⑤图书情报与档案管理；⑥物流管理与工程类；⑦旅游管理类；⑧工业工程类；⑨电子商务类。

（十二）艺术学

①艺术学理论类；②音乐与舞蹈学类；③戏剧与影视学类；④美术学类；⑤设计学类。

二、专业研究方向与就业方向

我们需要通过大数据来搜索和我们自身情况相匹配的专业及基于专业优势的大学排名等方方面面的情况。例如，学校的大致类型与隶属关系、硬件设备、历史与文化、办学特色、学科设置、实力排名。除此之外，我们还要了解大学的入学资格、学习费用、奖学金制度、就业率等。

专业研究方向与就业方向探索如下。

（一）经济学

首先，经济学属于社会科学，是研究人和社会在资源稀缺的前提下如何进行选择的科学，其最终目的是增加国民福利。其次，经济学的研究分为人们实际怎样选择（实证经济学）和人们应该怎样选择（规范经济学）两大方面的研究。经济学有众多分支，包括政治经济学、发展经济学、新制度经济学、环境经济学、计量经济学、金融经济学、货币经济学、博弈论、信息经济学、劳动经济学、法律经济学、管理经济学、公共经济学、福利经济学、国际经济学、社会经济学、房地产经济学、行为经济学等。由此可见，经济学在社会生活中应用广泛。

（1）经济预测、分析人员。此职位分布在各行业中，但一般只有比较大的公司和政府中的经济决策部门才会设置，主要负责各种市场数据的收集和分析，随着市场化程度越来越高，市场调查和分析的重要性也越来越明显。

（2）对外贸易人员。将世界工厂生产的产品销售给国外客户，为国内客户寻找国外货源，组织国际贸易货物物流等。有相当一部分外贸人员在经验成熟后，成立了属于自己的外贸公司。

（3）市场营销人员。只要有产品和服务在出售，就会有销售职位。以技术为背景的行业，如电子信息、软件等，对于销售的需求仍然会持续走高。即使在非技术领域，销售职位也一直是市场需求非常旺盛的职位类别之一。

（4）管理类职位。刚出校门的大学生最先谋得的管理职位大都为一线管理人员，如生产管理、行政管理、人事管理、金融管理等。

（5）其他（如公务员等）。

（二）工学

首先，工学专业指机械、建筑、水利、汽车等研究应用技术和工艺的学问。工学是应用数学、物理学、化学等基础科学的原理，结合生产实践所积累的技术经验而发展起来的学科。其次，工学的培养目标是培养在相应的工程领域从事规划、勘探、设计、施工、原材料的选择研究和管理等方面工作的高级工程技术人才。其主要是培养具备实际应用能力的工作人员。

除以上所述的传统工科外，还有新型工学。新型工学是指为适应高技术发展的需要而在有关理科基础上发展起来的学科。

（1）材料类：适合到冶金、化工等部门的材料研究、设计、生产单位工作。

（2）土建类：适合到建筑部门或铁道、交通、工矿、国防和房地产开发公司及建筑设计院、规划局等部门从事研究、设计、施工、管理和经营等工作。

（3）电子信息工程类：适合到电子行业、广播电视等部门从事设备制造及原材料的开发研制、生产管理等工作。

（4）电气信息类：适合到电力、机电、铁道等部门从事科研、新技术开发和应用等工作。

（5）通信工程类：适合到各邮电管理局及公司从事科研、技术开发、经营及管理等工作，也可到军队、铁路、电力等部门从事相应的工作。

（三）医学

（1）医学专业。医学一般分为传统医学、基于"生物—医学"模式在近代发展起来的西医，到 20 世纪又发展为"社会—心理—生物医学"或综合医学模式。随着后基因组时代系统生物学的兴起，系统医学在全球迅速发展，成为继传统医学、西医学之后中西医学汇通起来的未来医学。

（2）医学的主要课程有人体解剖学、组织胚胎学、生理学、生物化学、药理学、病理学、预防医学、免疫学、诊断学、内科学、外科学、妇产科学、儿科学、中医学。

（3）就业行业分布情况：①制药、生物工程占 36%；②医疗、护理、卫生占 30%；③医疗设备、器械占 14%；④美容、保健占 6%；⑤新能源占 4%；⑥互联网、电子商务占 1%；⑦金融、投资、证券占 1%；⑧专业服务（咨询、人力资源、财会）占 1%；⑨娱乐、休闲、体育占 1%；⑩教育、培训、院校占 1%；⑪其他占 5%。

（四）管理学

首先，管理学是一门应用广泛的学科。通常，管理者所要关注的是生产经营什么、生产经营多少、怎样生产经营等内容。管理学包括九个一级学科，即管理科学与工程、工商管理、农业经济管理类、公共管理、图书情报与档案管理、物流管理与工程、旅游管理、工业工程类、电子商务。其次，在高校设置的众多学科中，管理学受到关注的程度越来越高，全国设有管理学类专业的院校不少，招生大多是文理兼收，究竟是偏文还是偏理，跟高校的自身特色有关。管理学毕业生的就业根据专业的不同而有所区别，某些专业的就业率相对高一些，但总的就业情况可能略逊于工科和理科，但要好于大部分文科专业。

1. 开设课程

（1）管理学专业（有部分学校开设了管理学专业）的主要课程：管理学、微观经济学、宏观经济学、统计学、运筹学、会计学、财政学、财务管理、管理信息系统、国际贸易、国际金融、组织行为学、战略管理。

（2）工商企业管理专业（部分学校也叫企业管理专业或工商管理专业）的主要课程：微观经济学、宏观经济学、管理学、管理信息系统、统计学、会计学、财务管理、市场营销、经济法、经营管理、人力资源管理、企业战略管理、企业财务管理、企业生产管理。

2. 就业方向

（1）高校。各大高校的工作环境相对较好，闲暇时间较多，收入也不低。目前，在普通高校，管理学研究生一般都是从不同部门的助理、助教做起，随着日后自身科研能力、学术水平、从教经验的不断提升，待遇会相应提高。

（2）政府部门。

（3）商业性企业。管理学各个专业的毕业生都可以根据本专业的特色在商业性企业中找到自己的位置。比如，工商管理专业对应的是中层管理部门，人力资源管理专业对应的是人力资源部门，会计学专业对应的是金融结算部门，公共管理专业对应的是助理、秘书等职业，工程管理专业对应的是相应的规划部门。

（4）服务性企业。对于人力资源管理、工程管理、旅游管理专业的毕业生而言，服务性企业也是一个较好的去处。这些专业以人为本，注重综合能力的培养。

※ 生涯活动

（1）通过浏览网络大数据，搜索专业概况、主要课程、重点大学、就业方向等方面的详细情况，做一份专业分类及相关主题排名的统计表，为自己选择专业提供必不可少的参考依据。

（2）采访已就读相关大学专业的前辈，了解专业信息，做一份大学专业人物访谈录。

（3）到大学实地考察，了解学校及相关专业，做一份大学专业实地考察的总结。

※ 生涯拓展

【读一读】

怎样选择梦想的专业

因素一：思想导航，对自己未来人生职业的大致方向进行规划。

让高中生谈未来人生规划是一个比较大、比较空的话题，毕竟他们更多的是在学校的环境中成长。但是，为了促进生涯发展，高中生必须学着去规划、向高年级同学讨教、通过互联网看一些经验文章等，大致给自己一个人生职业规划，培养自己的规划能力，毕竟未来的路都是要靠自己去摸索的。做好这些，再来选择专业。

因素二：不忘初心，遵循自己的兴趣、爱好和特长。

专业的选择是给人生定一个模糊的方向。人们都想生活、工作在自己感兴趣的环境中。所以，在选择专业时，这方面要多考虑。例如，你喜欢数学，家人非要让你选择英语专业，认为好就业、工资高等。其实，你越喜欢的东西，你就越有可能在这个领域有所造诣，该有的荣誉、财富都会不期而至。

因素三：立足实际，考虑大环境下的就业问题。

我们不太赞成"又有多少大学毕业生找不到工作，不能就业"这类言论。不是不能就业，而是就业者没有真正就业，眼高手低，看不起这、做不了那。考虑大环境下的就业问题，笔者认为主要应考虑就业前景、市场需求、福利待遇、升值空间等因素。这些需要大家通过各种途径去了解。

因素四：理论联系实际，从实际出发，切勿不着边际。

有的同学看高考志愿填报指南选择专业只是凭感觉，一会儿觉得 A 专业好，一会儿又觉得 B 专业不错，而往往忽略了自身情况。选择专业一定要务实，结合自身条件。

因素五：大学与专业综合分析，考虑上什么层次的大学。

每所大学都有自己的特色专业，另外，未来想在哪个省份就业，最好大学也选择在那个省份，方便毕业以后找工作。

※ 参考文献

［1］丁磊 . 高中生生涯规划指南 [M]. 北京：中国原子能出版社，2017.

［2］戈红 . 高中生职业生涯规划 [M]. 北京：科学出版社，2017.

主题 9 · 职业探索

※ 生涯导航

随着社会的发展，当今的职业种类早已突破 360 种。根据《中华人民共和国职业分类大典（2015 年版）》，我国现有 1481 个职业，与 1999 年相比，新增了 347 个职业。职业世界精彩纷呈而又百般变幻，现在的你心中有自己梦想的职业吗？

古人云："三百六十行，行行出状元。"

2015 年人民网报道，我国每年大学生一毕业就改行的人占到 46.2%，也就是近一半的大学毕业生对自己填报高考志愿时选择的专业是不满意的，到 2020 年这个数字已提升到 80%。在高中阶段有目的地探索职业世界，提前思考自己将来想从事什么职业、适合什么职业，明确职业方向，有利于高中阶段的选科选考和未来大学专业的选择，专业的选择会影响一个人事业的发展方向。未雨绸缪，才能更好地为未来的道路做准备，也才能走出一条宽阔大道。

※ 生涯故事

新闻事件一：36岁收费站下岗大姐的哭诉

2018年，河北省唐山市地方政府把地方上的路桥收费站都取消了，之前收费站的工作人员也面临下岗，于是他们去找有关领导讨说法。在这群下岗人员中，一位36岁的大姐说："我今年36了，我的青春都交给了收费站，现在啥也不会，也没人喜欢我，我也学不了什么东西了。"

新闻事件二：阿里巴巴招聘资深产品体验师

2018年，阿里巴巴以年薪40万招60岁以上的产品体验师，半天收到400份简历。首批应聘到岗的10位大爷、大妈参加了线下沟通会，其中83岁的"清华学霸"奶奶是十几个群的广场舞关键意见领袖（Key Opinion Leader，简称KOL），经常组织一些线下活动，62岁的曾大爷更是直接拿出自己做的PPT，他还有一手熟练操作Photoshop的绝活。

【想一想】

看了这两则新闻事件，你有怎样的职业认知？

> 小贴士：随着科技进步、经济社会发展和产业结构调整升级，中国的社会职业构成和内涵发生了巨大变化。一些传统职业开始衰落甚至消失，一些新职业不断涌现并迅速发展。一个人在中学时代积极探索职业发展，建立"职业中心意识"，可以很好地在自己的职业生涯和学业生涯之间建起一座桥梁，从高中选科、高考填报志愿选择专业到大学期间丰富自身知识与阅历，懂得为自己理想就业做一些具体的准备，就可以增加自己就业的竞争砝码。同时，我们要树立终身学习的观念，以适应社会不断变化发展的新要求。

※ 生涯认知

一、行业

行业一般是指人们按生产同类产品或具有相同工艺过程或提供同类劳动服务进行划分的经济活动类别。行业主要是按企业单位、事业单位、机关团体和个体从业人员所从事的生产或其他社会经济活动的性质的同一性来分类的。可以说，行业表示了人们所在的工作单位的性质。

我国已于 2017 年 10 月 1 日实施了《国民经济行业分类（GB/T 4754—2017）》（表 3-1），新版行业分类共有 20 个门类、97 个大类、473 个中类、1380 个小类。与 2011 年版的比较，门类没有变化，大类增加了 1 个，中类增加了 41 个，小类增加了 286 个。

表 3-1　《国民经济行业分类》（GB/T 4754—2017）中的门类

门类代码	门类名称	门类代码	门类名称
A	农、林、牧、渔业	K	房地产业
B	采矿业	L	租赁和商务服务业
C	制造业	M	科学研究和技术服务业
D	电力、热力、燃气及水生产和供应业	N	水利、环境和公共设施管理业
E	建筑业	O	居民服务、修理和其他服务业
F	批发和零售业	P	教育
G	交通运输、仓储和邮政业	Q	卫生和社会工作
H	住宿和餐饮业	R	文化、体育和娱乐业
I	信息传输、软件和信息技术服务业	S	公共管理、社会保障和社会组织
J	金融业	T	国际组织

二、职业

职业是参与社会分工，利用专门的知识和技能，为社会创造物质财富和精神财富，获取合理报酬，作为物质生活来源并满足精神需求的工作。

我国第一部《中华人民共和国职业分类大典》颁布于 1999 年。近年来，由于经济社会的不断发展，我国社会职业构成发生了很大变化。为适应发展需要，2015 年新版《中华人民共和国职业分类大典》把职业分为 8 个大类、75 个中类、434 个小类、1481 个职业。与 1999 年版的相比，维持 8 个大类，增加 9 个中类和 21 个小类，减少了 205 个职业，并新增了 342 个职业，取消了 342 个"其他"类职业。

第一大类：国家机关、党群组织、企业、事业单位负责人。

第二大类：专业技术人员。

第三大类：办事人员和有关人员。

第四大类：商业、服务业人员。

第五大类：农、林、牧、渔、水利业生产人员。

第六大类：生产、运输设备操作人员及有关人员。

第七大类：军人。

第八大类：不便分类的其他从业人员。

三、职位

职位是指机关或团体中执行一定任务的位置，是一定的职权和相应职责的集合体。职权和职责的统一形成职位的功能，职权和职责是组成职位的两个基本要素。职权相同，职责一致，就是同一职位。职业分类中的每一种职业都包含职位的特性。比如，大学教师这种职业包含助教、讲师、副教授、教授等职位。又如，国家机关公务员包括科级、处级、厅（局）级、省（部）级等职位。

常见公司的主要职位如下。

（1）高层管理职位：总经理（总裁）、副总经理、人力资源总监、财务总监（CFO）、市场总监（CMO）、技术总监（CTO）等。

（2）人力资源部门：人力资源经理、招聘主管、员工培训与发展主管、绩效考核主管、薪资福利主管。

（3）财务与会计职位：财务经理、会计主管、出纳员。

（4）行政管理职位：行政经理、秘书、公司律师。

（5）市场营销职位：市场部经理、市场策划主管、客户关系主管、产品主管。

（6）销售职位：销售部经理、办事处经理、销售助理、渠道经理、大区经理、销售代表。

（7）生产职位：厂长、副厂长、供应商管理、工程师、产品设备工程师、生产主管、车间主任、制造部经理、生产调度员、工程技术部经理、质量控制主管、生产工程师、质检员、工业工程师。

（8）物流职位：采购经理、仓储主管、采购工程师、货运主管、采购专员。

（9）技术职位：技术主管、研发主管、质量工程师、安全工程师、产品开发工程师、计算机管理员。

（10）其他职位：项目经理、项目助理、审计员、统计分析专员、审计主管。

四、职业探索的途径

（1）通过《毛遂自荐》《非你莫属》《职行天下》等电视栏目了解企业和单位对人才的需求情况。

（2）通过职业模拟活动、假期实习体验了解相关职业的工作特点以及具体要求。

（3）通过中国就业网、智联招聘、前程无忧等求职平台了解相关职业的工作职责、学历要求等内容。

（4）通过访问教育部主办的学职平台和美国职业信息网络 O*NET 了解相关职业的发展前景，明确其是夕阳职业还是朝阳职业；了解自己喜欢的职业有着怎样的工作任务、工作环境、就业趋势以及薪酬福利；等等。

（5）通过生涯人物访谈了解相关职业的工作内容、工作收入、能力要求、压力与挑战、上升空间等内容。

五、生涯人物访谈的一般步骤

生涯人物访谈是检验和印证职业信息的有效渠道，能让我们了解与未来职业相关的情况，如核心素质要求、潜在入职标准、晋升路径和工作者内心感受等，也能让我们正确地认识自己的优势与不足，从而制订更加合理的高中学习生活和职业体验计划。访谈的步骤如下。

（一）了解自己

借助一定的工具，如用职业能力测量表、霍兰德职业倾向测试、职业价值观自测量表等，分析自己的兴趣、性格及擅长技能和价值观。通过这些基本了解，可初步对自己有一个客观而理性的认识。

（二）了解他人眼中的自己

找几位自己的朋友，让他们说出你的优点和缺点，这样你就可以对自己进行综合分析了。

（三）寻找生涯人物

在自己感兴趣的职业领域寻找 1 ～ 3 位在职人士作为生涯人物。生涯人物可以是自己的亲人、老师和朋友，也可以是他们推荐的其他人，最好是此行业的精英人士。他们给你讲的知识是专业的，有利于你选择未来的职业方向。

（四）确定采访职业生涯人物的方式

采访方式可以是电子邮件访谈、面谈、电话访谈等，最好是面谈。在面谈前，采访者一般可以用已经从其他渠道了解到的生涯人物的信息轻松打开话题，之后就可以按设计好的生涯人物访谈报告表进行访谈。

（五）总结梳理采访信息

在生涯人物访谈完成之后，你可以结合采访获取的职业认知和以前自己对该职业的认知进行比较，找出主观认识与现实之间的偏差，找到适合自己的部分，同时确定自己是否适合这一行业、职业和工作环境，是否具备所需的能力、知识与品质，进而详细制订自我培养计划。在这个信息整理的过程中，你可以找对该领域有研究专长的人士帮你分析你和这个职业的匹配度，进一步做出合理的职业规划。

六、职业价值观

职业价值观是一个人对职业的认识和态度以及对职业目标的追求和向往。

在规划未来职业理想时，职业价值观起着决定性作用。一个人往往具有多种价值观，因此在职业发展决策中，这个人所选职业要能体现其核心价值观。

选择职业时要注意以下几点。

（1）不要过分强调职业的社会地位。

（2）不要盲目追求高薪的职业。

（3）不要只图轻松，要有事业心。

（4）不要一味地追求个人兴趣的满足，要兼顾国家的发展和民族的未来。

※ 生涯活动

（1）名片设计。20年后同学聚会时，你会设计怎样的名片来介绍自己？名片正面内容有姓名、行业、职业、职位等信息（可以自选呈现内容）。名片背面简要介绍你所在单位的业务等相关情况，以便宣传自己或自己所在的单位。

（2）课后作业——完成一次生涯人物访谈。结合自己理想的职业，寻找一位相关职业的职场人士进行采访，了解该职业所需的学历、能力、性格、专业等信息，进一步分析自己对理想职业的认知是否有偏差，若有偏差及时做出调整，以便科学进行选科选考和高考志愿填报专业的选择。以下生涯人物访谈报告表（表3-2）仅供参考。

表3-2　生涯人物访谈报告表

采访者：＿＿＿＿＿＿＿＿＿＿

受访者姓名		性别		年龄	
毕业院校		所学专业		学历	
所属行业		职业		职位	
工作年限		工作待遇			
工作内容					

续　表

从事此工作所需条件	学历： 专业： 能力： 性格： 其他：
工作满意之处	
工作不满意之处	
高中阶段可以做的准备	
受访者给的建议	
访问心得	

（3）生涯测评——舒伯职业价值观量表（表3-3）。请仔细阅读下表，并在每题前方的"分值"栏填上1～5的数字，代表该选项对你的重要性，其中5代表非常重要，4代表很重要，3代表重要，2代表不太重要，1代表不重要。

表3-3　舒伯职业价值观量表

分　值	题　号	题　目	分　值	题　号	题　目
	1	能参与救灾济贫的工作		31	能实现自己的理想
	2	能经常欣赏完美的艺术作品		32	能运用自己的鉴赏力
	3	能经常尝试新的构想		33	常需构思新的解决方法
	4	必须花精力去思考人生		34	必须不断地解决新的难题
	5	在职责范围内有充分的自由		35	能自行决定工作方式
	6	可以经常看到自己的工作成果		36	能知道自己的工作绩效

分 值	题 号	题 目	分 值	题 号	题 目
	7	能在社会中扮演更重要的角色		37	能让你觉得出人头地
	8	能知道别人如何处理事务		38	可以发挥自己的领导能力
	9	收入能比相同条件的人高		39	可使你存下很多钱
	10	能够减少别人的苦难		40	有好的保险和福利制度
	11	能有稳定的收入		41	工作场所有现代化设备
	12	能有清净的工作场所		42	主管能采取民主的领导方式
	13	主管善解人意		43	不和同事有利益冲突
	14	能经常和同事一起休闲		44	可以经常变换工作场所
	15	能经常变换职务		45	工作常让你觉得如鱼得水
	16	能成为你想成为的人		46	常帮助他人解决困难
	17	能帮助贫困和不幸的人		47	能创作优美的作品
	18	能增添社会的文化气息		48	常提出不同的处理方案
	19	可以自由地提出新颖的想法		49	需要对事情进行深入分析研究
	20	必须不断学习才能胜任		50	可以自行调整工作进度
	21	工作不受他人干涉		51	工作结果常受到他人肯定
	22	常常觉得自己的辛劳没有白费		52	能自豪地介绍自己的工作
	23	能使你更有社会地位		53	能为团体拟订工作计划
	24	能够分配调整他人的工作		54	收入高于其他行业
	25	能常常加薪		55	不会轻易被解雇或裁员
	26	生病时能被妥善照顾		56	工作场所整洁、卫生
	27	工作地点光线好、通风好		57	主管的学识和品德让你敬佩
	28	有一个公正的主管		58	能够认识很多风趣的伙伴
	29	能与同事建立深厚的友谊		59	工作内容随时间变化
	30	工作性质常会变化		60	能充分发挥自己的专长

（4）职业价值观量表记分和解释（表3-4）。

表3-4　职业价值观量表记分和解释

得　分	对应题目	职业价值观	得　分	对应题目	职业价值观
	1，16，31，46	利他主义		9，24，39，54	经济报酬
	2，17，32，47	美的追求		10，25，40，55	安全稳定
	3，18，33，48	创造发明		11，26，41，56	工作环境
	4，19，34，49	智力激发		12，27，42，57	上司关系
	5，20，36，50	独立自主		13，28，43，58	同事关系
	6，21，36，51	成就满足		14，29，44，59	多样变化
	7，22，37，52	声望地位		15，30，45，60	生活方式
	8，23，38，53	管理权力			

※ 参考文献

［1］陈宛玉，叶一舵.高中生生涯规划 [M].福州：福建教育出版社，2019.

［2］王建明，赵林.为自己的青春做主：高中生生涯规划教程 [M].上海：华东师范大学出版社，2014.

［3］程雪峰，缪仁票，潘怡红，等.生涯规划（高中）[M].杭州：浙江教育出版社，2017.

［4］戈红.高中生生涯规划 [M].北京：科学出版社，2017.

［5］陈晨，卢文晗，杨文芝，等.高中生生涯规划 [M].北京：北京师范大学出版社，2015.

［6］李勇，杨白莉.高中生职业生涯规划指导教程 [M].北京：龙门书局，2017.

主题 10 · 大学探究

※ 生涯导航

中国有哪些层次和类型的大学？判断一所好大学有哪些标准？怎样选择梦想的大学？

如果世界是一本书，大学就是书中的插图；如果历史是一卷画，大学就是画中的印铸；如果时光是一部歌剧，大学就是剧中的序幕。资料显示：截至 2021 年 9 月 30 日，全国高等院校共计 3012 所（不包含香港特别行政区、澳门特别行政区和台湾地区高等学校），其中普通高等学校 2756 所（本科 1270 所，专科 1486 所）、成人高等学校 256 所。我国大学经过改革开放多年的发展变化，现在基本形成了一个圈层态势。

从里往外，第一圈是 9 所，基本目标是建设世界一流大学和世界高水平大学；第二圈是 30 所，基本目标是建设国内外知名高水平大学。两个圈所涉及的 39 所就是进入"985 工程"建设的高校。第三圈大概有 21 所，是除了"985 工程"建设高校之外的设有研究生院的高校；第四圈有 40 多所，和前三圈合起来是进入"211 工程"建设的 100 多所高校；第五圈有 170 多所，是经批准能够授予博士学位的高校；第六圈有 230 所左右，是经批准能够授予硕士学位的高校；第七圈有 200 多所，是培养本科生的高校；第八圈有 1000 多所，是高等职业技术学院和大专层次的高校。

面对如此多的大学，该如何选择呢？

※ 生涯故事

徐孜婧：念念不忘　必有回响

"我的目标是北京理工大学！"早在 2019 年高考前的一次班级演讲中，徐孜婧就在讲台上大声说出了自己的梦想，并把它一笔一画地写在了黑板上。然而，遗憾的是那年徐孜婧高考发挥失常，与北京理工大学失之交臂。抱着"我一定要考上北京理工大学"的信念与决心，徐孜婧决定复读一年，再次向梦想中的北京理工大学冲刺。

"2020 年 8 月 28 日，我永远忘不了这一天。这一天，我终于收到了北京理工大学的录取通知书，这一刻，我已经等了很久了！"回想那天的情景，徐孜婧仍难掩激动。如她所愿，徐孜婧成了北京理工大学 2020 级精工书院智能制造与车辆实验班的一名新生。

"想考上北京理工大学，对于我而言，需要付出比别人更多的努力和汗水，但是我无怨无悔。"许多人都不知道，徐孜婧患有先天性听力障碍，需要佩戴助听器，从幼年时吃力练习汉语发音到如今成功考上大学，十几年来，她克服了因为听力问题带来的种种困难。正因如此，一路走来，她也变得更加自信勇敢、坚忍执着。

每个来北京理工大学的人都有不同的原因，而徐孜婧与北京理工大学结缘可能要从小时候说起。"我的父亲母亲、姥姥姥爷都在一个军工厂工作，我是听着无数为祖国的繁荣发展奉献青春和热血的励志故事长大的。他们的品格深深感染着我。"在家庭环境的熏陶下，徐孜婧从小就立志科研报国，献身国家科技事业。"由于工作原因，爸爸结识了一位北京理工大学的退休教授，我也因此有机会开始了解北京理工大学。北京理工大学有着光荣的历史，一代代北京理工大学的毕业生追求卓越、甘于奉献，为国家发展建设贡献智慧与力量。我被这所学校的精神气质深深吸引，这就是我理想中的大学，我一定要去北京理工大学学习。"

【想一想】

（1）大学有哪些分类标准？分类根据是什么？我们怎样科学地分析各所大学的区别？

（2）同一专业在不同大学有着哪些方面的不同意义？按照哪些标准去量身选择一所适合自己的大学？

> 小贴士：大学是我们圆梦的舞台，这个舞台是由哪些部分组成的，全国大学有哪些分类标准？按照不同的分类标准划分学校会有不同的结果，因此我们在填报高考志愿时不仅需要注意相似院校的区别，还需要关注专业上的不同，相同的专业在不同的学校其研究的重点及方向可能有所差异。

※ 生涯认知

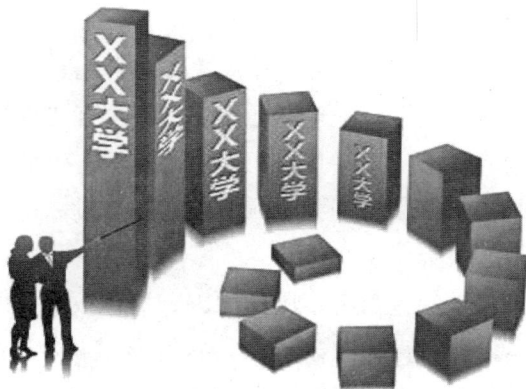

一、大学分类

（一）从院校层次上分

① "985工程"和"211工程"院校；②各省重点本科院校；③各省普

通本科院校；④独立学院及民办本科院校；⑤高职（专科）院校。

（二）从院校专业特色（比例）上分

①综合类；②工科类；③农林类；④医药类；⑤师范类；⑥语言类；⑦财经类；⑧政法类；⑨体育类；⑩艺术类；⑪民族类；⑫军事类。

（三）从隶属关系上分

①中央部属高校 100 所左右；②地方所属高校 2300 所左右。

二、"985 工程"39 所大学解读

"985 工程"是我国政府为建设若干所世界一流大学和一批国际知名的高水平研究型大学而实施的建设工程。1998 年 5 月 4 日，时任国家主席的江泽民在庆祝北京大学建校 100 周年大会上代表中国共产党和中华人民共和国中央人民政府向全社会宣告："为了实现现代化，我国要有若干所具有世界先进水平的一流大学。"

（一）"985 工程"档类

1. 第一档

两牛校：清华大学、北京大学。

七名校：复旦大学、浙江大学、上海交通大学、南京大学、中国科学技术大学、西安交通大学、哈尔滨工业大学。

2. 第二档

理工类：同济大学、北京航空航天大学、天津大学、华中科技大学、东南大学。

综合类：中国人民大学、南开大学、中山大学、武汉大学、厦门大学。

专属类：北京师范大学、国防科学技术大学。

3. 第三档

综合类：四川大学、吉林大学、湖南大学、山东大学。

理工类：中南大学、华南理工大学、北京理工大学、大连理工大学、西北工业大学、重庆大学、电子科技大学。

4. 第四档

综合类：兰州大学、东北大学。

专属类：华东师范大学、中国农业大学、中国海洋大学、西北农林科技大学、中央民族大学。

（二）"985 工程"档类具体介绍

1. "985 工程"第一档

（1）清华大学是工学第一名，管理学第一名，实力超群，名副其实的大学巨无霸。王牌专业是经济与金融、土木工程、建筑学、电子信息科学类、工程力学（钱学森力学班）、水利水电工程、临床医学。

（2）北京大学理学、医学、哲学、经济学、文学、历史学均是第一名，法学第二名，稳坐综合类大学榜首的位置。王牌专业是经济学类、法学、生物科学、元培实验班。

（3）复旦大学医学第二名，文学第二名，其他如历史学、管理学、哲学、理学、经济学实力超群，被称为南方小北大，是综合性大学中的第二名。理科优势专业是数学、物理、化学、电子信息工程、计算机软件、生命科学、医学等。文科优势专业是经济学、公共管理、法学、哲学、新闻传播、文学、历史学、英语翻译、工商管理。

（4）浙江大学是工学第二名，在工学、管理学、理学、医学、文学方面实力超群。浙江大学素称南方小清华。王牌专业是工科实验班（信息）、工科实验班（工学）、理科实验班。

（5）上海交通大学是工学第三名，机械、电气、航海类专业实力强大。合并了上海农学院、上海第二医科大学，成为与浙江大学在工科上相抗衡的强大对手。王牌专业是土建类、机械类、电气信息类、信息安全类。

（6）南京大学是理学第二名、文学第三名，理科实力超群。王牌专业是物理学类、化学类、数学类、天文学类。

（7）中国科学技术大学是理学第三名，典型的高、精、尖精品大学，学风正，最有资格成为中国的世界一流大学。王牌专业是数学类、物理学类、化学类。

（8）西安交通大学是工商管理第一名，电气工程第二名，机械工程第三名，管理、机械、电气通信类专业实力强大，学风正，发展比较平稳。王牌专业是电气工程与自动化、自动化、机械设计制造及其自动化、能源动力系统及其自动化。

（9）哈尔滨工业大学是工学第四名，20世纪80年代成为航天部的大学后，就成了航空航天领域的强校，其他的学科也不错。王牌专业是飞行器设计与工程、建筑学、土木工程。

2."985工程"第二档

（1）工科类。

①同济大学是土木工程第一名，建筑学第二名，城市规划第三名，车辆工程也不错。同济大学的三大王牌专业录取分数很高。

②北京航空航天大学的航空航天类专业实力强大，力学、计算机也很强，名声在外，是航空航天类大学的领头羊。王牌专业是飞行器设计与工程。

③天津大学的工学实力排全国第五位，实力比名声强大。王牌专业是建筑学、土木工程、化学工程与工艺。

④华中科技大学的机械、电气类专业实力很强，光电也不错，与同样实力很强的同济医科大学合并后规模更大。不过，其最近几年实力排名有所下降。王牌专业是机械设计制造及其自动化、电气工程及其自动化、光信息科学与技术。

⑤东南大学和南京大学是同宗同源，均可追溯到三江师范学堂。东南大学在工科方面是江苏第一，在华东地区也是名震四方。王牌专业是建筑学、土木工程、电子科学与技术。

（2）综合类。

①中国人民大学培养的毕业生集中在政界、社会科学界和商界等领域，科研成果也集中在人文社会科学领域。中国人民大学是法学第一名，经济学第二名，哲学、文学、管理学、历史学的实力超群，生源非常好，最热门的专业是金融学。

②南开大学在20世纪80年代，与北京大学、清华大学、复旦大学合称大学四强，现在南开大学实力虽不比以前但强于天津大学。王牌专业是金融

工程、会计学、数学类、化学类。

③中山大学的哲学、中文、生物专业实力强，医学也很出名，岭南学院、管理学院、国际金融学院在华南实力强大。中山大学因为地处开放城市广州，就业很好，性价比高。王牌专业是工商管理、物理学、计算机科学、生态学。

④武汉大学的文科、理科都不错，但都不拔尖，与武汉市其他几所高校并校后规模超大，是百年老校，校园环境非常好。王牌专业是金融学、法学、新闻学。

⑤厦门大学的会计学全国第一，经济金融类专业实力很强大，理论化学实力超群，还拥有全国最美的校园。王牌专业是会计学、金融学、经济学、财政学。

（3）专属类。

①北京师范大学是目前国内师范大学第一名，现在已经发展为一所综合性大学，心理学、教育学、中国语言文学全国第一名，学科精度很高，文、理学科实力很不错。王牌专业是心理学。

②国防科技大学是原中国人民解放军军事工程学院的衣钵传人，计算机类专业实力强大。王牌专业是计算机科学与技术、通信工程。

3."985工程"第三档

（1）综合类。

①四川大学的办学规模是全国第一名，在校生人数是全国最多的，其是西南地区最好的大学，特色不太明显，靠较强的综合性支撑门面。地处西南内陆。王牌专业是口腔医学、临床医学。

②吉林大学通过并校规模迅速扩大，目前学科建设发展平稳，特色不明显，又地处北疆，生源一般。吉林大学的规模是全国第二名，仅次于四川大学。王牌专业是车辆工程。

③湖南大学以土木工程闻名，与同济大学、清华大学并称为中国土木学科中的"三驾马车"。理科最好的专业有机械工程、土木工程、化学、环境工程等，文科最好的专业是国际贸易学等。王牌专业是土木工程、车辆工程。

④山东大学在校生人数排在全国第三位，无明显特色，靠庞大的综合性支撑门面。理科最好的专业是数学、材料工程、物理、机械制造、控制工程、医学等。文科最好的专业是经济学、文学、历史学等。

（2）理工类。

①中南大学是湖南省最好的大学，由湖南医科大学、长沙铁道学院与中南工业大学合并而成。理科优势专业：数学、材料工程、机械工程、控制工程、土木工程、交通运输、冶金工程、医学。文科优势专业：工商管理、管理工程、英语。王牌专业是临床医学、材料类、冶金工程。

②华南理工大学是华南地区最出名的两所大学之一。因为地处开放城市广州，就业很好，性价比高。王牌专业是土木工程、建筑学、电气工程及其自动化、机械设计制造及其自动化。

③北京理工大学是我国第一所国防院校。近十年来，北京理工大学实力上升较快，成为集航天、兵器、电子、光电于一身的综合性大学，兵器工业类专业实力超群。王牌专业是武器类、车辆工程。

④大连理工大学的综合工学实力不错，但不拔尖。王牌专业是船舶与海洋工程、机械设计制造及其自动化。

⑤西北工业大学。如果说西安交通大学是陕西第一高校，那么第二非西北工业大学莫属，其是西北地区最好的大学。西北工业大学是以发展航空、航天、航海工程教育和科学研究为特色的一所理工类大学，在航空航天科技类大学的排行榜中，西北工业大学排在第三的位置，是航空航天事业发展的中坚力量之一。王牌专业是材料工程、航空宇航科学与技术、机械工程、力学、计算机科学、控制科学等。

⑥重庆大学是一所综合性大学，土木建筑不错，学科实力也不错。王牌专业是建筑学、土木工程。

⑦电子科技大学原校名为成都电讯工程学院，是中国最早的七所重点国防院校之一，现在隶属于教育部。学校以电子信息类学科著称，理工科气息浓厚。王牌专业是电子科学与技术、信息与通信工程、计算机科学。

4.“985 工程”第四档

（1）综合类

①兰州大学简称“兰大”，属于“985 工程”、“211 工程”、双一流大学。双一流学科有化学、大气科学、生态学、草学等。本校生推荐专业有化学类、物理学基地班、数学与应用数学、微电子学、信息与计算机科学、大气科学类等。

②东北大学简称“东大”，属于“985 工程”、“211 工程”、双一流大学。双一流学科有控制科学与工程学等。本校生推荐专业有自动化、计算机类、机械工程与自动化、计算机科学与技术、电子信息工程、矿物加工工程等。

（2）专属类

①华东师范大学属于“985 工程”、“211 工程”、双一流大学。双一流学科有教育学、生态学、统计学等。本校生推荐专业有汉语言文学、金融学、学前教育、心理学、历史学、哲学、数学类、地理科学、软件工程、数学与应用数学等。

②中国农业大学属于“985 工程”、“211 工程”、双一流大学。双一流学科有生物学、农业工程、食品科学与工程、作物学、农业资源与环境、植物保护、畜牧学、兽医学、草学等。本校生推荐专业有电子信息类、通信工程、自动化、测控技术与仪器、农学等。

③中国海洋大学属于“985 工程”、“211 工程”、双一流大学。双一流学科有海洋科学、水产等。本校生推荐专业有海洋科学、水产养殖学、海洋技术、港口航道与海洋工程、药学、应用气象学等。

④西北农林科技大学属于“985 工程”、“211 工程”、双一流大学。双一流学科有农学等。本校生推荐专业有葡萄与葡萄酒工程、软件工程、水利与水电工程农林经济管理、食品科学与工程类等。

⑤中央民族大学属于“985 工程”、“211 工程”、双一流大学。双一流学科有民族学等。本校生推荐专业有信息工程、民族学、土木工程、社会学等。

三、“211 工程”大学解读

“211 工程”是为了面向 21 世纪，迎接世界新技术革命的挑战，中国政府集中中央、地方各方面的力量，重点建设 100 所左右的高等学校和一批重点学科、专业，使其达到世界一流大学水平的建设工程。1995 年 11 月，经国务院批准后正式启动。"211 工程"是中华人民共和国成立以来由国家立项在高等教育领域进行的规模最大、层次最高的重点建设工作，是中国政府实施"科教兴国"战略的重大举措，是中华民族面对世纪之交的中国国内外形势而做出的发展高等教育的重大决策。

※ 生涯活动

搜集并分析一所你喜欢的大学的信息，填写表 3-5。

表 3-5　我的梦想大学

整体情况	
大学排名	
王牌专业	
我想读的专业	
喜欢原因 1	
喜欢原因 2	
喜欢原因 3	

※ 生涯拓展

【读一读】

大学专业同名不同校
就业方向和行业大不同

同名专业在不同院校的区别很大，同一个专业在众多的院校中可能都有设置。很多人误以为不同高校的同名专业是一样的专业，事实上，有的专业叫法一样，但是在不同的高校是大相径庭的。下面介绍考生最容易混淆的5个专业，并附上选择专业的技巧。

一、电子工程专业

不同学校，其专业属性、学位不同，但还有一种情况是同名的专业在不同的院校，其专业属性有所不同，毕业学位也不同。例如：

（1）复旦大学电子工程专业属于理科类，毕业后被授予的是理学学士。

（2）上海交通大学电子工程专业属于工科类，毕业后被授予的是工学学士。

这两校虽然档次不分伯仲，同一个专业学的内容也大同小异，但是两校授予的学位有差异：本科生读复旦大学后拿到的文凭是理学士，而读上海交通大学，毕业后被授予的是工学士。显然，对于考研或者对学士学位有要求的学生而言，这一点点的差别就会把机会挡在门外。

二、电子科学与技术专业

不同学校，其专业特色不同。还有一部分同名专业在不同的院校，其专业特色也不同。例如：

（1）西安电子科技大学的电子科学与技术专业是学习电子科学和技术领域的基本理论、设计方法、制造工艺和测试技术等，专业方向为光电子技术、电子材料与元器件等。

（2）北京邮电大学的电子科学与技术专业以微电子、信息与通信系统的设计和集成以及计算机应用的融合为专业特色。

这两所高校的电子科学与技术专业各有侧重。同样是工科专业，不同院校差异很大，包括机械工程及其自动化、电气工程及其自动化这样的专业，几乎每个工科院校都会设置，但在不同院校研究方向也都有所不同。

三、计算机科学与技术专业

不同学校，其专业方向及优势不同。专业虽然相同，但在不同的院校，其专业的研究方向以及专业优势不尽相同。例如：

（1）清华大学的计算机科学与技术专业整体实力非常强，包括三个国家重点二级学科，即计算机系统结构、计算机软件与理论、计算机应用技术。本科统一按计算机科学与技术（国家重点一级学科）招生和培养。

（2）北京大学的计算机科学与技术专业属于信息科学技术学院，计算机软件与理论、计算机应用技术总体实力雄踞全国前列。本科招生是培养"厚基础、宽口径、高素质"的复合型人才，在第一学年不进行专业分流，不同专业的学生除了完成一些必修课程外，还可以根据自己的兴趣选修各种课程。

（3）北京邮电大学的计算机科学与技术专业以计算机与通信相结合为特色，着力培养有深厚通信背景的计算机高级工程技术人才，侧重于数据通信、计算机网络及软硬件的开发与应用。

计算机科学与技术专业只是众多计算机类专业中的一个，几乎所有的高校都开设有计算机类专业。但不同高校的计算机类专业有的侧重于软件，有的侧重于硬件，有的侧重于计算机网络，有的在信息安全方面颇具特色，方向的选择可能直接影响未来的就业。

四、交通工程专业

虽然专业名字一样，但在不同的院校，其研究领域截然不同。例如：

（1）同济大学的交通工程专业主要研究陆上交通。

（2）上海海洋大学的交通工程专业主要研究海上交通。

（3）中国民航大学的交通工程专业主要研究空中交通。

同样是交通工程，就分了海、陆、空三个方向，这三个领域的差别很大，学生毕业后就业方向是大不相同的。另外，尽管有些高校名字里带着"交通"二字，像上海交通大学，但其实它并没有交通工程专业，只有与交通相关的船舶海洋以及航空航天专业。

五、交通运输专业

不同学校的侧重点不同。有一些专业虽然名字相同，但由于受院校的研究方向和办学重点的影响，其侧重的方向也不同。例如：

（1）西南交通大学的交通运输专业侧重于轨道交通。

（2）大连海事大学的交通运输专业侧重于航海技术。

在这两所大学中，交通运输专业的课程和技能操作都有很大的不同，培养的也是不同领域的人才。

此外，同一所大学不同学院的专业也有出现同名的情况。例如，同济大学的汽车学院设有车辆工程专业，该校轨道交通研究院也开设了车辆工程的本科专业，但前者的研究方向是汽车，后者研究的是轨道交通车辆。

同名专业鉴别指南：不同学校开设的相同专业，在方向、特色上会存在不同。一般来讲，越是专业实力强的学校，在同一个专业的侧重上差异越明显。当首次接触到一个专业名称时，我们应先了解这个专业的培养目标、就业方向、学习课程等。如果家长或孩子钟情于某所高校的某个专业，最好到该校官网和招生章程上查阅相关专业信息，以对照是否符合家长及孩子的预期。

专业基本地位：重点学科、一流学科、特色专业等都是判断该专业地位的标尺，可见该专业在该院校被重视的程度。

专业培养目标：培养目标反映的是侧重点不同。从培养目标中，我们可以看出这个专业是重理论，还是重实际应用；是宽口径人才，还是技能型人才。基础性较强的专业更注重学校学术传统和培养计划，往往因为学校之间细微的差别而对学生未来发展产生深远影响。

专业课程设置：专业课程设置情况往往能体现出该专业的办学优势和特色，如有的专业介绍中会体现全英语课程此类专业课程的开设情况，有的专业会写明开设拓展专业知识的专业选修课程数量和种类，这往往能反映出该专业的师资力量是否强大。从专业课程设置中，我们大体还能看出该专业本科四年主要的学习内容和培养方向。

专业就业方向：因研究领域不同，培养方向不同，毕业生将来的就业方向及就业领域也大相径庭。

专业开设时间：从专业的开设时间可以看出该专业是有着悠久历史的专业，还是新开设的专业。有的专业介绍中会有介绍专业的历史的内容，这往往显示该校的这个专业有较深厚的办学底蕴和较高的学术知名度。如果这个专业对开设历史的介绍一笔带过，说明该专业开设时间较短，还处于培育期。

※ 参考文献

[1] 邵隆 . 升学辅导课 [M]. 汕头：汕头大学出版社，2018.

[2] 熊丙奇 . 新高考深度解读 [M]. 桂林：广西师范大学出版社，2018.

主题 11 · 生涯定向

※ 生涯导航

你想读哪一所大学，哪一个专业，你怎样做职业规划？

心不定，事无成。

生涯定向对我们的人生具有战略意义。若方向错了，则南辕北辙，目标将会离我们越来越远，因此职业生涯定向不能犯"方向性错误"。方向正确则少走弯路，相反就会有很多烦恼和损失。

※ 生涯故事

小明虽然即将上高三，但仍然对未来感到十分迷茫，不清楚人生奋斗的方向，学习动机不强，经常感到焦虑和烦躁，成绩也在慢慢下滑。在同学的建议下，他主动到学校学生生涯发展指导中心寻求帮助，咨询情况如下。

小明的迷茫：

不知道自己想干什么，能干什么。

怎么才能找到自己心仪的大学专业以及职业？

怎样科学规划自己的职业生涯？

老师：小明正站在高考这个人生的十字路口上，对未来的迷茫是当下很多学生的共性，其主要原因是自我认知不足以及根本没有做好面对未来的准备。

针对小明的情况，老师为小明提供了规划思路建议，即"知己—知彼—生涯决策—生涯行动"四个步骤，以期帮助小明找到人生的方向。

第一步：知己（自我探索）。

（1）兴趣探索：为帮助小明深入探索自己的兴趣，老师采用霍兰德职业倾向量表对其进行了测试，结果显示，小明的职业兴趣代码为 SIA。这说明小明在艺术和社会调查方面具有较大的兴趣。

（2）性格探索：为帮助小明了解自己的性格，老师采用 MBTI 职业性格测试对其进行了性格测试，结果显示，小明的性格类型代码为 INFJ（内向直觉情感判断型）。这说明小明做事专注且善于思考，心思细密全面，有爱心和奉献精神。依据量表，小明适合向工作环境稳定的科研、教学等领域发展。

（3）能力探索：为帮助小明了解自己的能力，老师让小明撰写成就故事，结果如下。

①在初中的时候，学习特别好，成绩一直稳定在班级前三名。

②在高一时，参加学校的演讲比赛，获得二等奖。

③代表班级参加趣味心理知识大赛，获得一等奖。

④同学们有心事喜欢跟我说，我是个比较能保守秘密的人。

老师发现小明的言语智能和内省智能发展较好。

言语智能：小明有较好的语言表达能力、组织能力，且善于沟通和倾听。

内省智能：自律，对自己的情绪有客观的认识。

（4）价值观探索：为帮助小明了解自己的价值观，老师用澄清价值观测试对小明进行测试，结果显示，小明比较在意的是稳定有保障的、有良好人际关系的工作。通过以上分析，老师初步确定小明可预选的职业范围依次是心理咨询、人力资源、事业单位。

第二步：知彼（专业和职业探索）。

小明重点了解了自己感兴趣的心理学，通过深入了解心理学专业，得知原来学心理学专业毕业后不仅可以当心理咨询师，还可以当心理辅导老师、心理医生、企业培训师。

第三步：生涯决策。

老师先通过"生涯幻游"评估了小明对未来生活的愿景，然后引导他完成生涯平衡单。做完以后，小明开始对未来有了明确的目标。通过这几次的咨询，他对自己有了清晰的认识和定位，也明确了目标大学、目标职业，从此学习动力十足。

第四步：生涯行动。

小明的目标专业是心理学，目标职业是心理工作者。老师依据 SMART 原则，引导小明制订了合理的短期、中期和长期目标。老师要求小明一旦做出计划就要坚定不移、脚踏实地地完成目标，并且要适时检验和反思计划和行动之后的效果，不断地修正、完善和突破。

小明的目标清单如下。

一个月的目标：月考成绩提升到班级前 15 名。

半年后的目标：成绩提升到班级前 10 名。

一年后的目标：高三"一诊"过 500 分。

三年后的目标：进入大学心理学本科专业学习，为考研做准备。

长期目标：心理工作者。

在之后的一年里，小明不再迷茫，为了自己的目标，他每天都过得非常充实高效，成绩也在稳步提升。

【想一想】

小明是怎样做职业规划的，如果是你，你会怎么做？

> 小贴士：生涯定向就是要做好职业规划，这是关键的一步。职业规划要求我们根据自己的兴趣、特点，将自己定位在一个最能发挥自己长处、优势的位置，选择最适合自己发展的方向。

※ 生涯认知

一、定向

据不完全统计，很多大学生毕业后从事专业不对口的工作，这说明高中生在生涯定向方面没有做好。要做好生涯定向，必须认真考虑和选择适合自己的专业和未来职业。大家可以根据小明的案例尝试为自己做一做初步的生涯定向。

二、定点

定点就是定职业发展的地点。有的人选择去北上广深，有的人选择在家乡发展，有的人则选择去偏远地区……都无可非议，但不管决定去哪里都要周密考虑，不可凭一时冲动或感情用事。例如，北上广深经济发达，工资高，但消费也高，竞争激烈，甚至还要考虑气候、水土、观念、心理承受能力等因素。当然，不论你在哪里，只要脚踏实地、求真务实，相信经过时间的沉淀，你一定能成为这个领域的资深人士。

三、定位

选择专业和职业前要对自己的能力、特长、兴趣、薪资水平、身体素质等进行全面分析。定位要合理，不能高估自己，也不能低估自己。定位明确后就要脚踏实地地从基础做起，慢慢积累经验，不断提升自己的专业水平。

从哲学角度来看，"三定"实际上就是解决职业生涯设计中"何处干""干什么""怎么干"这三个最基本的问题。这三个问题解决好了，职业生涯发展就会比较顺利。

※ 生涯活动

结合表 3-6 进行自我分析，进一步提高生涯定向的清晰度。

表 3-6　自我分析报告

自我分析方向	职业个性
	职业兴趣
	职业能力
	职业价值观
	与自身相匹配的职业类型
理想专业就业调查	大学课程
	专业就业方向
	专业就业环境
	本专业就业必需的技能与资格证书
	本专业就业的薪水福利
职业定向与规划	我的职业定向
	目标职业的工作内容
	目标职业的就业成长路径
	目标职业的市场调查与发展前景分析
	目标职业的工作技能与资源要求
	进入目标职业的途径
	我在该职业发展上所具有的个人资源（包括性格、知识储备、个人能力等多方面）
	设计职业的方案，包括短期、中期和长期目标，并阐述当前与之相关的准备计划
	实施职业规划过程中可能遭遇的问题以及解决对策

※ 生涯拓展

【读一读】

高中生职业生涯规划的四个重要方向

有这样一个故事：三个工人在砌一堵墙，有人过来问："你们在干什么？"第一个人没有好气地说："没有看见吗？砌墙！"第二个人抬头笑了笑，说："我们在盖一栋高楼。"第三个人边干活边哼着小曲，他的笑容很灿烂，说："我们正在建设一座城市！"十年后，第一个人在另一个工地上砌墙，第二个人在办公室画蓝图，他成了工程师。第三个人呢？他是前两个人的老板。

这个故事告诉我们：眼界决定高度，一个人对工作有怎样的看法决定着他未来的职业发展方向和发展高度。对于高中生来说，我们不能将眼光仅放在书本上和学校里，也不能为了考高分、读好大学而放弃拓宽眼界的机会，适合自己的大学才是好大学。

※ 参考文献

[1] 牛新春，郑雅君. 重点大学城乡学生的生涯定向：基于跟踪调研的过程研究 [J]. 现代大学教育，2018（5）：58-71.

[3] 赵波，丁静. 青年的生涯定向与管理对策 [J]. 中国青年研究，2007（8）：68-70.

第四部分　生涯新高考

主题 12 · 新高考政策

※ 生涯导航

新高考"新"在哪儿？新高考政策你了解多少？

求学不是求分数，读书不是读死书。

新高考和传统高考大不相同，很多学科的地位都发生了变化，陆续有五批改革省市高考采用"3+1+2"模式。新高考改革事关国家未来发展和国家人才多元化建设，是全面促进教育公平的重大措施。

※ 生涯故事

首批"吃螃蟹"，不一样的高考路

李冬，新高考的首届毕业生，当她面临"3+1+2 模式"的选择时非常迷茫，根本不知道自己要选什么。好在有老师的指导，在了解了新高考最新政策的基础上她坚定地选择了历史＋政治＋地理。

此外，李冬告诉老师，今年的志愿填报可让她伤透了脑筋，虽然平行志愿填报数量变多，但是院校专业组的填报方式着实让她费了一番功夫。"由于没有一本、二本、三本的分界线，所以更要对各类学校有所了解。"李冬建议准高三学生一定要注意"梯度"填报，结合个人喜好、院校及专业综合实力等多种因素，在院校与专业之间反复权衡来确定个性化的志愿梯度，以免虽然被某个学校录取，但因分数没优势而被调剂到自己不喜欢的专业。

【想一想】

面对新高考，你肯定会因选科、选专业、填报志愿等而迷茫，但你知道新高考的主要内容是什么吗？新高考有什么意义呢？

> 小贴士：新高考主要内容包括不再区分文理科、高考总分计算方式发生改变、合格性考试、综合素质评价等。新高考突破了传统的育人模式，让学生拥有了更多的自主权。

※ 生涯认知

一、"3+1+2"模式

重庆市 2021 年高考实行"3+1+2"模式。"3"指全国统一考试语文、数学、外语 3 科，"1"指普通高中学业水平选择性考试首选科目 1 科，"2"指普通高中学业水平选择性考试再选科目 2 科。在普通高中学业水平选择性考试中，物理、历史为首选科目，考生只能且必须选择其中的 1 科报考；思想政治、地理、化学、生物学 4 科为再选科目，考生只能且必须选择其中的 2 科报考。

二、考试时间为 3 天

高考时间，重庆市统一安排在 6 月 7 日—9 日共 3 天。其中，全国统一考试科目由国家统一命题，考试时间安排在 6 月 7 日全天和 6 月 8 日下午，其中语文考试时长为 150 分钟，数学、外语考试时长均为 120 分钟。普通高中学业水平选择性考试科目由重庆市自主命题，考试时间安排在 6 月 8 日上午和 6 月 9 日全天，每科考试时长均为 75 分钟。

三、招生录取批次设置

重庆市 2021 年统一高考招生包括普通类、艺术类和体育类 3 个类别，分本科、专科 2 个层次；各批次实行专业（类）平行志愿（以下简称"专业平行志愿"）或院校顺序志愿。其中，普通类设置本科提前批、本科批、高职专科提前批、高职专科批 4 个批次；艺术类设置艺术本科提前批、艺术本科批、艺术专科批 3 个批次；体育类设置体育本科批、体育专科批 2 个批次。普通类本科提前批分为 A 段和 B 段，A 段实行院校顺序志愿，B 段实行专业平行志愿。普通类本科平行志愿结构，除本科提前批及有关特殊类型以外的其他本科招生专业及计划，本科批现在有 96 个（院校 + 1 个专业）志愿模式。

※ 生涯活动

【查一查】

（1）查一查《国家中长期教育改革和发展规划纲要（2010—2020 年）》《国务院关于深化考试招生制度改革的实施意见》《教育部关于普通高中学业水平考试的实施意见》几个文件，了解文件内容。

（2）关注重庆市教育考试中心官网或者微信公众号，了解新高考的最新动态。

※ 生涯拓展

【想一想】

新高考政策解读常见问题

（1）什么是高校招生章程？高校招生章程包括哪些内容？注意事项有哪些？

高校招生章程是高等学校依据我国相关教育法规和教育部要求制定的，是高校开展招生工作的重要依据。高校招生章程通常包括以下内容：高等学校全称、层次、校址、招生计划、选考科目等要求、录取规则、办学类型、各专业对考生外语语种要求、综合素质评价使用办法、学费标准、学生身体健康状况要求、学生资助政策、网址、联系电话以及其他须知等。有特殊要求的，招生章程中会明确提出。

在阅读高校招生章程时，考生除了要关注高校的办学类型、性质层次、收费标准等情况外，还要准确了解高校专业报考的要求和录取原则，尤其是有些专业对学考等级、单科成绩、择优录取、投档比例、男女生录取比例、体检要求等都有明确规定。这些信息可以有效帮助考生了解其是否符合专业报考条件，如果不符一定要规避填报。

（2）新高考招生有哪些录取类别？

新高考不再文理分科，录取分普通类、艺术类、体育类。

（3）新高考招生为什么取消录取批次？

取消录取批次是《国务院关于深化考试招生制度改革的实施意见》明确的

导向之一。同时，新高考打破了人为给招生院校专业分批分等的既有格局，促使所有院校专业在同一平台上公平竞争，激发高等院校的创新活力。

（4）新高考招生为什么要实行分段录取？

实行分段录取是综合改革方案的规定。新高考实行分段录取的原因如下：一是有利于平稳衔接，确保改革初期能有序投档录取；二是使考生填报志愿更有针对性，尽可能减少录取结果与考生期待之间的落差。

（5）新高考招生各专业录取线怎样确定？

各专业录取线不是事先划定的，而是投档后自然形成的。每段投档录取后，省教育考试院将公布该段次各专业录取的最低分和位次号。

（6）新高考在重庆招生计划怎样查询？

考生可通过招生计划书或登录重庆市教育考试网进入重庆市高校招生考试信息管理系统中的"计划查询"查看各院校的招生计划。

（7）怎样理解考生位次？参考位次时应注意什么？

考生位次就是考生高考成绩在相应招考类别中的全重庆市排位，是新高考分段填报志愿、分段投档录取的核心依据。在选考科目符合要求的前提下，位次在前的考生先投档；位次相同，则志愿顺序在前的考生先投档，全部相同的则全部投档。由于原高考各批投档名次号不包含提前批次已录取的考生，在参考往年第二批或第三批名次号数据时，应结合当年前一批或前两批的控制分数线及相应的成绩分段表分析。另外，考生不能盲目对比、参考位次号和名次号。

（8）中学综合素质评价有什么作用？

综合素质评价的使用权在高校。其作为报考条件和初次遴选的主要依据之一，是选拔录取的参考。

※ 参考文献

程伟，程友娟．新高考背景下普通高中课程改革的问题与对策 [J].教学与管理，2020（7）：1-4.

主题 13 · 选科走班

※ 生涯导航

选科时要考虑哪些因素？选科时如何做出科学的决策？

"我们的决定，决定了我们"，不同的选择走向不同的未来，人生就是由一系列选择组成的。

重庆市新高考政策执行"3+1+2"选考模式，即语文、数学、外语3门全国统一考试学科，物理、历史为1门首选学科，加上思想政治、地理、化学、生物学中任选2门再选学科参加考试，形成12种选课组合，按不同组合形成不同组合班级的新高考选课模式，未进行走班。

在选科时每个同学都应当充分探索自己在各个方面优势进行综合考虑，一般可以从行业、职业、专业、课程的角度，充分探索自我因素和外部因素，结合探索学科可填报专业、学科专业填报覆盖率、专业对各学科的需求度、组合可填报专业覆盖率等资源进行综合分析。自我因素：①学科兴趣；②学科成绩；③学科能力；④职业兴趣；⑤职业价值观；⑥多元智能；⑦职业性格；等等。外部因素：①高校选考要求；②专业前景；③家庭资源；④社会需求；⑤家长建议；⑥教师建议；等等。

※ 生涯故事

桃园摘桃，你会怎样选择

路边有一片桃园，假如你可以进入桃园摘桃子，但只许前进不许后退，而且只能摘一次，要摘一个最大的，你会怎么摘？

A. "我感觉这个大！就摘这个了。"

B. "先别管了，走到最后再说吧。"

C. "去问看桃园的人，让他告诉我什么样的最大"，或者"问旁边的人什么样的最大"。

D. 对视野范围内的桃子进行比较，形成一个大概的标准，再根据这个标准选择最大的桃子。

E. 稍作比较，迅速摘一个。

【想一想】

你选择哪项？你做这个决策是如何思考的？

> 小贴士：人生有无数次的选择，人生就是一次无法重复的选择。一个成功的决策来自90%的信息加上10%的直觉。

※ 生涯认知

一、决策风格

决策风格是人们在做决策时表现出来的行为偏好和心理倾向，反映了人们在决策的过程中的习惯反应模式。

美国职业生涯专家斯科特（Scott）和布鲁斯（Bruce）认为，决策风格是在后天的学习经验中逐渐形成的。因此，他们将决策风格划分为五种类型：自发型、直觉型、回避型、理智型和依赖型，具体如表4-1所示。

表 4-1 决策风格的五种类型

类 型	特 征	优 势	不 足
自发型	渴望当即、尽快地完成任务	果断，快速做出决策	不能容忍决策的不确定性及由此产生的焦虑，错误决策时有发生
直觉型	依照个人感觉，关注内心体验	在信息有限时能尽快做出决策	易受错觉和偏见的影响，决策错误率高
回避型	试图拖延逃避	随遇而安	倾向于没有目标，不考虑未来的方向，不主动寻求帮助，容易被忽略
理智型	广泛收集资料，理性分析、推理	推理以事实为基础，综合评估信息	信息整合困难，可能会错失时机
依赖型	倾向于采用他人的意见和看法	允许他人参与决策，省时省力	易受他人影响，没有承担决策的责任感，容易后悔

二、为什么要选科

2019 年 4 月 23 日，重庆市政府正式公布《重庆市深化普通高等学校考试招生综合改革实施方案》，标志着重庆市普通高考改革全面实施。该方案指出，从 2018 年秋季入学的普通高中一年级学生开始（2021 年 6 月高考），高考总成绩的组成科目由"语数外 + 文综 / 理综"变成"3+1+2"。"3"为语数外，"1"为物理或历史，"2"为思想政治、地理、化学、生物学中自选两门科目。比如，学生对物理、化学、思想政治、地理很感兴趣，且基础较好，那么他的"选择考"科目就可以是"物理 + 化学、地理"或者"物理 + 思想政治、地理"等组合。新高考改革后，学生的选择更多、自主权更大，可以选择自己喜欢的学科和优势学科进行自由组合，以获得更好的高考成绩，做到"国家选才、高校选生、考生选科"的有机统一。

选考学科有 12 种组合，考生需要根据自身志向、兴趣、优势和高等学校招生要求以及普通高中办学条件选择，具体组合如表 4-2 所示。

表 4-2 选考学科的 12 种组合

序 号	物理类组合	序 号	历史类组合
1	物理 + 化学、生物学	7	历史 + 思想政治、地理

续 表

序 号	物理类组合	序 号	历史类组合
2	物理＋化学、思想政治	8	历史＋化学、思想政治
3	物理＋化学、地理	9	历史＋化学、地理
4	物理＋生物学、思想政治	10	历史＋生物学、思想政治
5	物理＋生物学、地理	11	历史＋生物学、地理
6	物理＋思想政治、地理	12	历史＋化学、生物学

三、影响选科的因素

（一）依据自己的学习能力，首选"最擅长"的科目

有的学生历史、地理、政治、物理、化学、生物各学科都能学得很好，而有的学生只能把以上 6 个学科中的某一个学科学得比较好，其他学科学得一般。这说明人的学习能力是有差别的。新高考给予了考生更多选择，在一定程度上是鼓励"适当偏科"的。对于偏科的学生，要首选自己"最擅长"的科目，既有利于发挥特长，在高考中取得优异成绩，又有利于将学习上的优势转化为今后事业上的专长，力争成为某个领域的佼佼者。

（二）依据高校提出的选考学科要求

考生在高考志愿填报时必须符合各高校提出的专业选考学科要求才能报考。各个高校通常会提前两年根据要求发布专业（类）的选考科目要求。各高校各省份发布的选考科目要求不一。根据教育部 2018 年公布的《普通高校本科招生专业选考科目要求指引（试行）》，高校专业的"可选科目"和"选考要求"大致如下。

（1）高校某个专业（类）对学生学科基础要求较宽的不提科目要求，考生任意选择 3 个科目均可报考。

（2）高校某个专业（类）指定 1 门选考科目的，考生只有选考该科目的考试才能报考。

（3）高校某个专业（类）指定 2 个或 3 个选考科目均须选择的，考生必

须全部选择指定选考科目才能报考。

（4）高校某个专业（类）指定 2 个或 3 个选考科目，且只要选考其中 1 个即可的，考生选考其中之一即可。

（三）依据自己的职业意向

如果考生自己对未来的发展方向非常明确，对报考的专业已有清晰的定位，那么应当选择与今后发展关系最紧密的学科，即便这些科目目前的成绩未必很好，也应该坚定选择，不能为了"求热门""钻冷门"而选择别的科目。例如，考生立志将来从事飞机设计制造等工作，选专业时就要选择飞行器制造、飞行器设计、飞行器动力工程等专业，这些专业需要物理学科知识，选考学科中必然有物理。因此，考生在确定选考学科时要考虑将来从事的职业，并对自己的未来职业方向有所思考。

（四）结合自己的学科兴趣

有的学生对某些学科兴趣特别浓厚，如对化学、物理很喜欢，特别喜欢做实验，至于今后究竟想做什么工作还没有细想。这类学生应当毫不犹豫地选择自己最喜欢的科目，并努力将其学得更好，待到填报高考志愿时，再综合考虑各种因素，选择理想的大学和专业。

总之，选科应当充分考虑自身的性格特征、兴趣爱好、能力、特长等，我们要充分了解自己的学习能力和发展潜能，选择自己擅长的学科和领域，扬长避短。我们只有选择一个自己热爱又利于发挥自己优势的学科组合，才能达到优化组合的目的，这有利于我们未来长远的发展。

四、选科的方法——6 选 3 决策平衡单

（一）决策平衡单是什么

决策平衡单是指把选项、考虑因素、得分情况等用表格的形式列出来，让我们得以系统地分析每一个可能的选项，判断分别执行各选项的利弊得失，然后依据其在利弊得失上的加权计分排定各个选项的顺序，从而执行最优先或偏好的选项。

（二）如何使用决策平衡单

在使用决策平衡单时，先列出你认为会影响选择的重要项目，并对它们进行权重赋分，越重要的赋分越大，项目名称可自行添加。随后根据自身情况给每个科目打分（–5 分至 5 分），填入"+"或"–"栏，最后进行加权（每个科目的加权 = 项目 A 的权重 × 分值 + 项目 B 的权重 × 分值……）。下面以小明同学的决策平衡单为例来说明如何应用。

小明同学认为一共有 9 个因素是影响自己选科的重要项目，所以填在了左侧的项目栏里，接着他对每一项进行了重要程度赋分，然后给每个科目依次打分，最后得出每个科目的加权，具体如表 4–3 所示。

表 4–3　决策平衡单

考虑因素	权重	物理 +	物理 −	化学 +	化学 −	生物 +	生物 −	思想政治 +	思想政治 −	历史 +	历史 −	地理 +	地理 −
个人兴趣	5	2		2		5		4			5		2
个人能力	5	3		3		5		5			1	2	
学科成绩	5	4		4		4		5			3	3	
学科兴趣	3	3		3		5		5			1	1	
价值观	3	3		3		5		5			3	2	
选考要求	5	5		4		3		1		2		3	
他人建议	4	5		1		1		1		1		1	
学科实力	2	4		1		1		1		1		1	
专业前景	3	4		4		5		2			1	2	
加权后合计		128		101		136		117		−38		51	

加权结果显示，前三名的学科是生物、物理、思想政治。

　　小明查阅了当地过去两年里高校专业的报考要求和考生的报考情况，发现这三门学科的组合能够报考的专业覆盖率还是挺高的。他将这个结果反馈给父母，父母觉得他是在比较全面地考量了各种因素之后得出了这样的结果，所以很支持他。最终小明选择了"物理＋生物＋思想政治"的科目组合。

　　因为这个组合是小明同学认真分析后做出的选择，所以在后续的学习中，他比以前更努力了，而且遇到困难的时候会鼓励自己。

五、科目与专业的关联

　　科目与专业的关联如表 4-4 所示。

表 4-4　科目与专业关联

科　目	专业细分
语文	汉语言文学、汉语言、对外汉语、少数民族语言、古典文献、中国语言文化、应用语言学
	新闻学、广播电视新闻学、广告学、编辑出版学、媒体创意、新媒体与信息网络
	教育学、特殊教育、小学教育、教育技术学、艺术教育、人文教育、科学教育
英语	各国语言、翻译、国际经济与贸易、商务英语、对外英语
政治	哲学、逻辑学、宗教学、伦理学
	法学、监狱学
	科学社会主义、中国革命史
	社会学、社会工作、家政学、人类学
	政治学与行政学、国际政治、外交学、思想政治教育、国际政治经济学
	管理科学、信息管理与信息系统、工业工程、工程管理、工程造价
	农业经济管理、农村区域发展
	工商管理、市场营销、会计学、财务管理、人力资源管理、旅游管理、商品学、审计学、电子商务、物流管理、国际商务
	行政管理、公共事业管理、劳动与社会保障、土地资源管理、公共关系学、城市管理、公共管理

续 表

科 目	专业细分
历史	历史学、世界历史、考古学、博物馆学、民族学、文物保护技术
	图书馆学、档案学、信息资源管理
	科学社会主义、中国革命史
	政治学与行政学、国际政治、外交学、思想政治教育、国际政治经济学
地理	天文学
	地质学、地球化学
	地理科学、资源环境与城乡规划管理、地理信息系统、地球信息科学与技术
	大气科学、应用气象学
	海洋科学、海洋技术、海洋管理、军事海洋学
	测绘工程、遥感科学与技术、空间信息与数字技术化学
化学	化学、应用化学、分子科学与工程
	化学工程与工艺、制药工程、化工与制药、能源化学工程、生物制药
	环境工程、安全工程、水质科学技术、灾害防治工程
	食品科学与工程、轻化工程、包装工程、印刷工程、纺织工程等
	冶金工程、金属材料工程、无机非金属材料工程、高分子材料与工程、材料科学与工程、宝石及材料工艺学、纳米材料与技术、新能源材料与器件、资源循环科学与工程等
数学	数学与应用数学、信息与计算科学
	经济学、国际经济与贸易学、财政学、金融学、国民经济管理、贸易经济、保险、海洋经济学、金融工程、税务、信用管理、网络经济学、体育经济、投资学、环境资源与发展经济学、能源经济
	心理学、应用心理学
	统计学

科　目	专业细分
物理	物理学、应用物理学、声学
	采矿工程、石油工程、矿物加工工程、勘查技术与工程、资源勘查工程、地质工程、矿物资源工程、海洋油气工程
	机械设计制造及其自动化、材料成型与控制工程、过程装备与控制工程、机械工程及其自动化、车辆工程、机械电子工程
	测控技术与仪器
	电子信息科学类、微电子学、光信息科学与技术、信息科学技术、光电子技术科学
	电气工程及其自动化、电子信息工程、通信工程、自动化、计算机科学与技术、生物医学工程、信息工程、软件工程、光电信息工程、数字媒体技术、物联网工程、传感网工程等
	建筑学、城市规划、土木工程、建筑环境与设备工程、给水排水工程、历史建筑保护工程、水务工程、道路桥梁与渡河工程
	水利水电工程、水文与水资源工程、港口航道与海岸工程、港口海岸及治河工程、水资源与海洋工程
	热能与动力工程、核工程与核技术、工程物理、能源与环境系统工程
	交通运输、交通工程、飞行技术、航海技术、轮机工程、物流工程、海事管理、交通设备信息工程
	船舶与海洋工程、海洋工程与技术、海洋资源开发技术
	飞行器设计与工程、飞行器动力工程、飞行器环境与生命保障工程
	武器系统与发射工程、探测制导与控制技术、弹药工程与爆炸技术、特种能源工程与演化技术、地面武器机动工程、信息对抗技术
	工程力学、工程结构分析
	刑事科学技术、消防工程、安全防范工程、交通管理工程、核生化工程
	农业机械化及其自动化、农业电气化与自动化、农业建筑环境与能源工程、农业水利工程、农业工程、生物系统工程
	森林工程、木材料学与工程、林产化工生物

续　表

科　目	专业细分
生物	生物科学、生物技术、生物信息学、生物信息技术、动植物检疫、生物化学与分子生物学、医学信息学、植物生物技术、动物生物技术
	生物工程
	基础医学、预防医学、临床医学、口腔医学、中医学、法医学、护理学、药学
	环境科学、生态学、环境资源科学
	农学、园艺、植物保护、茶学、烟草、植物科学与技术、种子科学和工程、应用生物科学
	草业科学
	森林资源保护与游憩、野生动物与自然保护区管理
	园林、水土保持与荒漠化防治、农业资源与环境
	动物科学、蚕学、蜂学
	动物医学
	水产养殖学、海洋渔业科学与技术
艺术	绘画、雕塑、美术学、艺术设计、摄影、动画、艺术学
	音乐学、作曲与作曲技术理论、音乐表演、录音艺术
	舞蹈学、舞蹈编导、戏剧学、表演、导演、戏剧影视文学、播音与主持艺术、广播电视编导、影视学
体育	体育教育、运动训练、社会体育、运动人体科学、民族传统体育
信息技术	信息与计算科学
	信息管理与信息系统
	电子商务
	电子信息科学类、微电子学、光信息科学与技术、信息科学技术、光电子技术科学
	电气工程及其自动化、电子信息工程、通信工程、自动化、计算机科学与技术、生物医学工程、信息工程、软件工程、光电信息工程、数字媒体技术、物联网工程等

※ 课后作业

根据自己的情况制作一份属于你的 6 选 3 决策平衡单（表 4-5）。带上你的决策平衡单，向家人、老师、学长学姐请教，听听他们的建议，再做最终的决定。

表 4-5　决策平衡单样本

考虑因素	权　重	物理		化学		生物		思想政治		历史		地理	
		+	−	+	−	+	−	+	−	+	−	+	−
学科成绩（排名）													
学科兴趣													
价值观													
选考要求													
他人建议													
加权后合计													
选科决定													

※ 生涯测评——学科兴趣测评

下面有 60 道题，每道题都有 5 个备选答案，请根据自己的实际情况，在题目后面圈出相应字母，每题只能选择一个答案。

A. 很符合自己的情况；B. 比较符合自己的情况；C. 很难说；D. 较不符合自己的情况；E. 很不符合自己的情况。

题目：

1. 喜欢阅读有关物理学的报刊文摘。

2. 关注日常生活中的化学现象和知识。

3. 喜欢采集一些昆虫和植物标本。

4. 对国内外发生的大事很敏感。

5. 喜欢看历史题材的影视剧。

6. 如果有外出地理考察的活动机会，会积极参加。

7. 爱思考一些物理现象背后的原理。

8. 关注化学方面的前沿知识。

9. 想参加生物兴趣小组。

10. 喜欢分析经济与政治的关系。

11. 喜爱收集某个主题的历史资料。

12. 爱观看地质构造、地貌变迁等方面的节目。

13. 喜欢解答复杂的物理题。

14. 解答化学难题时，哪怕花很长时间也要把它做出来。

15. 对生物学前沿知识很着迷。

16. 喜欢上政治课。

17. 喜欢了解历史事件和历史人物。

18. 非常关注地球变化对人们生活的影响。

19. 喜欢用物理知识解决生活中的实际问题。

20. 听到与化学有关的问题，立刻来了兴趣。

21. 积极关心和支持生态保护。

22. 喜欢了解国家的法律、方针、政策等。

23. 浏览名胜古迹时，常对那里的历史事件感兴趣。

24. 喜欢收集各种资料来了解地球各大洲的地理概况。

25. 爱做物理实验。

26. 关注化学学科的发展过程和趋势。

27. 喜欢上生物实验课。

28. 关心社会时事新闻。

29. 谈起历史事件会兴趣盎然。

30. 喜欢了解自己所在城市或自己故乡的地理环境。

31. 很喜欢上物理课。

32. 上化学课特别高兴。

33. 喜欢看有关生命科学的节目或书籍。

34. 喜欢和别人谈论时事政治。

35. 喜欢阅读历史类书籍。

36. 向别人谈起各国的地理位置和自然环境时，感到很开心。

37. 如果有物理兴趣小组，一定会积极报名。

38. 喜欢阅读化学类书籍。

39. 对生命起源和生物进化很感兴趣。

40. 爱看有关各国政治的评论文章。

41. 关心世界各国的历史。

42. 喜欢阅读地理方面的书籍。

43. 关注自己感兴趣的物理领域及其最新研究成果。

44. 希望选修化学课程。

45. 喜欢观察动植物的生长变化。

46. 看报纸时，喜欢政治新闻或国际时事版面的内容。

47. 常把历史事件与现实做对照。

48. 喜欢看地图，了解世界各国的地理位置。

49. 有自己崇拜的物理学家。

50. 特别崇拜化学家。

51. 对生物充满好奇，很想进行生命奥秘探究。

52. 喜欢用政治学知识分析社会现象。

53. 能正确说出重大历史事件发生的时间、地点及主要人物。

54. 在旅行中对地形、地貌很感兴趣。

55. 喜欢阅读物理学家的传记。

56. 认为从事化学分析工作很有意思。

57. 关注著名生物学家的生平及研究成果。

58. 关注自己崇拜的政治家的成长历程及成就。

59. 如果有历史兴趣小组，一定会积极报名。

60. 关注有关著名地理学家的生活及研究的新成果。

计分与评价：请根据学科与题号对应表（表4-6），统计你所写各个字母的次数，A 得 5 分，B 得 4 分，C 得 3 分，D 得 2 分，E 得 1 分。

表 4-6　学科与题号对应表

学 科	物 理	化 学	生 物	政 治	历 史	地 理
题号	1（　）	2（　）	3（　）	4（　）	5（　）	6（　）
	7（　）	8（　）	9（　）	10（　）	11（　）	12（　）
	13（　）	14（　）	15（　）	16（　）	17（　）	18（　）
	19（　）	20（　）	21（　）	22（　）	23（　）	24（　）
	25（　）	26（　）	27（　）	28（　）	29（　）	30（　）
	31（　）	32（　）	33（　）	34（　）	35（　）	36（　）
	37（　）	38（　）	39（　）	40（　）	41（　）	42（　）
	43（　）	44（　）	45（　）	46（　）	47（　）	48（　）
	49（　）	50（　）	51（　）	52（　）	53（　）	54（　）
	55（　）	56（　）	57（　）	58（　）	59（　）	60（　）
得分						

统计各个学科的得分，了解自己对各学科感兴趣的程度，找出自己最不感兴趣和最感兴趣的学科，并排出学科兴趣的次序（表 4-7）。如果大多数学科都属于"较感兴趣"或"很感兴趣"，则表明你热爱学习，把学习看成一种乐趣；如果各学科的得分相差悬殊，则表明你存在偏科现象；如果你基本上都不感兴趣，则表明你缺乏学习热情，应该检查自己的学习态度。

表 4-7　学科兴趣评价表

总分	评价
39 分以上	很感兴趣
32～38 分	较感兴趣
21～31 分	一般
14～20 分	不大感兴趣
13 分以下	很不感兴趣

※ 生涯拓展

生涯规划倒推法

在新高考改革的背景下，我们可以通过生涯规划倒推法选择科目。

一、什么是生涯规划倒推法

生涯规划倒推法即长远地看待自己想要达成的愿景，根据这个目标往回推算你在中短期内想要达到的目标，从而在长期目标的支持下，一个个地完成小目标，逐步完成自己的最终愿景。

二、生涯规划倒推法选科的优势

高考是人生重要的转折点，高考之后的志愿填报以及职业选择都会在很大程度上影响一个人未来的人生方向。如果没有一个长远的规划，在志愿填报时很可能随波逐流地选择，什么热门选什么，而这种规划大多以失败告终。这种规划法往往是刻舟求剑，等你自以为赶上大潮时，实际上已经开始退潮了，缺乏准备而盲目跳下去的人容易在海滩上搁浅。一旦碰到社会环境变化，就会变得非常被动。而如果使用生涯规划倒推法，就可以在很大程度上避免这样的情况。我们只有站在设定长远目标的基础上，才能避免过于功利，才能够着眼于未来，才能发现我们真正想要追求的目标。

三、如何运用生涯规划倒推法

选科的倒推逻辑：职业方向—相关专业—限制学科—选科方案。

（一）确定职业方向

我们应该明确自己未来的职业方向。在行业的选择上，往往会按照领域进行区分，具体可以参照 2017 年 10 月 1 日实施的《国民经济行业分类（GB/T 4754—2017）》，新版行业分类共有 20 个门类，如农、林、牧、渔、金融、教育、卫生和社会工作等，最好确定 1 ～ 2 个行业作为自己未来职业发展的方向。

（二）了解相关专业

我国大学专业共有 12 个学科门类（不包括军事学），92 个专业类（不包括军事学），771 个专业（不包括军事学）。12 个学科门类分别是哲学、历史学、文学、艺术学、教育学、法学、经济学、管理学、理学、工学、农学、医学。每个行业都对应着多个相关的专业类。比如，金融行业对应的相关专业类有经济学类、财政学类、金融学类以及经济与贸易学类。大家可以登录阳光高考网的专业库栏目了解专业情况。

（三）查看限制科目

确定了未来的职业方向就等于报考大学专业有了方向。高考改革后，每个专业都会对选考科目进行限制，从《2021 年拟在渝招生普通高校招生专业（类）选考科目要求》中，我们可以看出各个专业都对选考科目进行了限制。我们在高考志愿填报时要符合报考学校相应专业规定的选考要求，才具备报考该专业的资格。相同的专业在不同的学校也会有不同的选考科目要求，因此我们要仔细查看心仪高校的相应专业的选考科目要求。

（四）确定选科方案

我们通过以上三步的分析，确定了职业发展方向，就可以倒推自己应该重点关注的大学专业。再根据这些专业对应的必选科目、可选科目和不选科目，最后找到最适合自己发展的选科方案（表4-8）。

表4-8　选科方案

职业方向	相关大学专业	必选学科	可选学科	选科组合方案

※ 参考文献

［1］陈宛玉，叶一舵. 高中生生涯规划 [M]. 福州：福建教育出版社，2019.

［2］王建明，赵林. 为自己的青春做主：高中生生涯规划教程 [M]. 上

海：华东师范大学出版社，2014.

　　[3] 程雪峰，缪仁票，潘怡红，等.生涯规划（高中）[M].杭州：浙江教育出版社，2017.

　　[4] 戈红.高中生生涯规划 [M].北京：科学出版社，2017.

　　[5] 蔡晓东.高中生生涯规划 [M].北京：北京师范大学出版社，2017.

　　[6] 李勇.高中生职业生涯规划指导教程 [M].北京：龙门书局，2015.

　　[7] 金树人.生涯咨询与辅导 [M].北京：高等教育出版社，2007.

主题 14·升学路径

※ 生涯导航

大学有哪些升学路径？我有哪些优点？我满足哪些升学路径标准？我还需要做哪些准备？

条条道路通罗马。

——罗马典故

我们常说的高考升学是指普通高校招生全国统一考试，很多人还局限于参加高考上大学这样一种简单的学业规划路径中，但是想要读大学只有这一种方式吗？事实上，升学路径高达 20 种，高考并不是唯一的出路。

※ 生涯故事

"奶茶妹妹"章泽天为什么会被清华录取

1993 年 11 月 18 日，章泽天出生于南京。2005 年 9 月，章泽天入读南京外国语学校，在校期间担任学校健美操队的队长。高一那年，章泽天荣获全国健美操比赛亚军，还成为国家一级运动员。据了解，她还曾因学业拒绝了张艺谋《金陵十三钗》的拍摄邀请。

章泽天之所以被外界称为"奶茶妹妹"是因为高二新学期重新分班那一年，同学们互相拍照留念，一个同学把她手捧奶茶的照片上传到 QQ 空间。不料，这张照片经过网友转载、传播，意外地火了起来，引发千万网友围观热议，她也因此变成了网络红人。

章泽天没有参加高考，直接被保送至清华大学，其清华保送生考试笔试成绩为 4A。章泽天的健美操特长为她加了不少分，她通过了清华保送生的笔试和面试，凭借优秀的综合素质被保送至清华大学。

【想一想】

除了参加高考，你还知道哪些升学路径？

> 小贴士：除了我们所熟悉的普通高考、强基计划、艺术高考等常见的升学途径外，还有专项计划、免费师范生、免费医学生、民族班等 20 余种途径。很多人因不了解信息而错过了上更适合自己的大学的机会。下面介绍常见的五大类升学途径，仅供参考。

※ 生涯认知

一、第一大类：普通类招生

（一）普通高校招生全国统一考试

普通高校招生全国统一考试就是我们平常所说的高考，由教育部考试中心或实行自主命题的省级考试院命制试题，是我国高校最重要的入学考试。参加全国统一高考是其他各项升学途径的基础（除保送生）。

1. 新高考科目及时间

重庆市 2020 年以前高考科目为 3+X，即语文、数学、外语（不仅限英语）+ 综合。文科综合科目为政治、历史、地理，理科综合科目为物理、化学、生物。考试日期为每年 6 月 7—8 日，我国部分省市高考时间为 3 天（7—9 日）。浙江、上海两地从 2017 年开始，实行新的高考方案，科目为"3+3"。其余省市请参照各省高考改革政策和时间表。

重庆市从 2021 年高考开始实行新高考政策，除 2020 年受新型冠状病毒肺炎的影响，高考顺延一个月外，每年的考试时间都是 6 月 7—8 日，9 日为英语口语考试。实行"3+1+2"模式，高考不分文理科。考生填报志愿须符合所选报高校招生计划类别和专业（类）的选考科目要求。按"物理"编制的招生专业及计划，仅限首选科目为物理的考生填报；按"历史"编制的招生专业及计划，仅限首选科目为历史的考生填报。考生填报不同类别的志愿须符合相应的资格条件。普通类将按照选考物理、历史分别划定特殊类型资格线，用于强基计划、高校专项、高水平艺术团等特殊类型招生。艺术类根据艺术类各类别专业统考成绩划定相应类别校考资格线。专业平行志愿以"1个专业（类）+1个学校"为1个志愿；院校顺序志愿以"1个学校+6个专业（类）"为1个志愿，并设置是否服从专业调剂选项。专业平行志愿批次依据"分数优先、遵循志愿、一轮投档"的原则，按照考生的投档排序位次进行投档。

2.新高考分类及录取

按照普通类、艺术类、体育类3个类别，分本科、专科2个层次编制在重庆市的招生计划。普通类招生计划按照首选科目物理、历史分别编制，艺术类、体育类招生计划不分物理、历史编制。按照普通类、艺术类、体育类3个类别分别设置批次，各批次实行专业（类）平行志愿（以下简称"专业平行志愿"）或院校顺序志愿。专业平行志愿以"1个专业（类）+1个学校"为1个志愿；院校顺序志愿以"1个学校+6个专业（类）"为1个志愿，并设置是否服从专业调剂选项。普通类设置本科提前批、本科批、高职专科提前批、高职专科批4个批次。

（1）本科提前批：分为A段和B段。本科提前批A段包括面试、体检（体测）等特殊要求的本科招生专业及计划，设置2个院校顺序志愿；本科提前批B段包括其他按规定可纳入提前批次录取的本科招生专业及计划，设置60个专业平行志愿。

（2）本科批：除本科提前批及有关特殊类型以外的其他本科招生专业及计划（含地方专项、少数民族预科、民族班等），设置96个专业平行志愿。

（3）高职专科提前批：有面试、体检（体测）等特殊要求及其他按规定可纳入提前批次录取的专科招生专业及计划，设置2个院校顺序志愿。

（4）高职专科批：除高职专科提前批以外的所有专科招生专业及计划，设置96个专业平行志愿。

（二）综合评价录取

综合评价录取是未来高考招生录取的模式，目前在部分高校试行，指在录取新生时，高校综合考量考生高考成绩、高校考核结论、高中学业水平测试成绩、综合素质评价以及高校自身培养特色要求等维度内容，对考生进行综合评价，择优录取。（浙江省"三位一体"综合评价招生，其实质是将成长性评价和一次性评价相结合，融学业水平测试、综合素质评价和高考三方面评价要素为一体的多元化招生考试评价体系。）

综合评价的成绩由三部分构成：高考成绩＋面试成绩＋学业水平考试成绩。另外，还要参考考生高中的综合素质评价信息。实行高校综合评价录取是为了避免单纯凭高考成绩录取的弊端，是对"分类考试，综合评价，多元录取"考试招生模式的积极探索。考生先参加高考，通过学校自己划定的高考面试线后参加各大高校的特色面试，最终得出成绩排名。高校则综合各省市招生计划和志愿投档的情况进行录取（通常高考成绩占60%，面试占30%，学业水平考试成绩占10%）。

（三）强基计划

强基计划一般指基础学科招生改革试点。2020年1月13日，《教育部关于在部分高校开展基础学科招生改革试点工作的意见》规定，自2020年起，在部分高校开展基础学科招生改革试点。基础学科招生改革试点也称"强基计划"，是教育部开展的招生改革工作，主要是为了选拔、培养有志于服务国家重大战略需求且综合素质优秀或基础学科拔尖的学生。

1.基础学科招生改革试点要求

（1）基础学科招生改革试点目标定位。强基计划聚焦高端芯片与软件、智能科技、新材料、先进制造和国家安全等关键领域以及国家人才紧缺的人文社会科学领域，由有关高校结合自身办学特色，合理安排招生专业；要突出基础学科的支撑引领作用，重点在数学、物理、化学、生物及历史、哲学、古文字学等相关专业招生；建立学科专业动态调整机制，根据新形势要求和招生情况，适时调整强基计划招生专业。

（2）基础学科招生改革试点培养模式。招生高校要对通过强基计划录取的学生制订单独人才培养方案和激励机制，增强学生的荣誉感和使命感。实施基础学科拔尖学生培养计划的高校要加强对人才培养的统筹。对通过强基计划录取的学生可单独编班，配备一流的师资，提供一流的学习条件，创造一流的学术环境与氛围，实行导师制、小班化等培养模式；畅通成长发展通道，对学业优秀的学生，高校可在免试推荐研究生、直博、公派留学、奖学金等方面予以优先安排；探索建立本—硕—博衔接的培养模式，本科阶段要夯实基础学科能力素养，硕博阶段既可在本学科深造，也又可探索学科交叉培养；推进科教协同育人，鼓励国家实验室、国家重点实验室、前沿科学中心、集成攻关大平台和协同创新中心等吸纳这些学生参与项目研究，探索建立结合重大科研任务进行人才培养的机制；强化质量保障机制，建立科学化、多阶段的动态进出机制，对进入强基计划的学生进行综合考查、科学分流；建立在校生、毕业生跟踪调查机制和人才成长数据库，根据质量监测和反馈信息不断完善培养方案和培养模式，持续改进招生和培养工作。高校要加强对学生的就业教育和指导，积极为关键领域输送高素质后备人才。教育部将加强对强基计划政策的支持。

（3）基础学科招生改革试点招生办法。在保证公平公正的前提下，高校要探索建立多维度考核评价考生的招生模式。高校根据有关拔尖创新人才培养需要，制订强基计划的招生和培养方案。符合高校报考条件的考生可在高考前申请参加强基计划招生。高校依据考生的高考成绩，按各省（市、区）强基计划招生名额的一定倍数确定参加高校考核的考生名单。考生参加统一高考和高校考核后，高校将考生的高考成绩、高校综合考核结果及综合素质评价情况等按比例合成考生综合成绩（其中高考成绩所占比例不得低于85%），根据考生填报的志愿，按综合成绩由高到低顺序录取。有关高校要认真研究高中学生综合素质评价办法，并在招生简章中提前向社会公布。

对于极少数在相关学科领域具有突出才能和表现的考生，有关高校可制定破格入围高校考核的条件和破格录取的标准，并提前向社会公布。考生参加统一高考后，由高校组织相关学科领域专家对考生进行严格考核，达到录取标准的，经高校招生工作领导小组审定，报生源所在地省级高校招生委员会核准后予以破格录取。破格录取考生的高考成绩原则上不得低于各省（市、区）本科一批录取最低控制分数线（合并录取批次省份应单独划定相应分数线）。

（4）基础学科招生改革试点规范管理。高校强基计划招生工作全程接受本校纪委监督，并建立申诉途径和举报机制，严格进行考核，按照国家教育考试有关要求组织实施。笔试、面试安排在国家教育考试标准化考点进行，试题按机密级事项管理。面试采取专家、考生"双随机"抽签的方式，过程全程录音录像，完善信息公开公示制度，落实教育部、省级、校级三级信息公开制度，合理设置公开范围，规范公开内容，主动接受监督。严肃查处违规行为，对于违规违纪行为，按照《国家教育考试违规处理办法》《普通高等学校招生违规行为处理暂行办法》严肃处理。对于因疏于管理造成考场秩序混乱、大规模舞弊、招生严重违规的高校，取消其强基计划招生资格，对相关责任人依法律法规严肃处理并追责问责。

（5）基础学科招生改革试点招生规模。开始阶段，在部分一流大学建设高校范围内遴选高校开展试点。相关高校可向教育部申请并提交相关专业的招生和人才培养一体化方案。教育部组织专家综合考虑高校的办学定位、人才培养质量、科研项目及平台建设情况、招生和人才培养方案等因素，按照"一校一策"的原则，研究确定强基计划招生高校、专业和规模。自 2020 年起，高校不再组织开展自主招生工作，改为强基计划。

高校要与各地方教育部门充分沟通协商，统筹考虑国家政策与导向、招生定位和培养要求、各地高考综合改革进程以及中学素质教育推进情况等因素，合理确定在各省（市、区）的强基计划招生名额，并在各省（市、区）的分省计划中安排。

2. 基础学科招生改革试点高校

清华大学、北京大学、南京大学、浙江大学、复旦大学、上海交通大学、西安交通大学、中国科学技术大学、哈尔滨工业大学、中国人民大学、北京航空航天大学、北京理工大学、中国农业大学、北京师范大学、中央民族大学、南开大学、天津大学、大连理工大学、吉林大学、同济大学、华东师范大学、东南大学、厦门大学、山东大学、中国海洋大学、武汉大学、华中科技大学、中南大学、中山大学、华南理工大学、四川大学、重庆大学、电子科技大学、西北工业大学、兰州大学、国防科技大学。

3. 基础学科招生改革试点招生程序

（1）制定招生简章。有关高校应根据本校的办学定位、学科特色等制定强基计划招生简章，内容包括领导机构、招生专业及计划、报考条件及方式、入围高校考核办法、考核程序及办法、学生综合素质评价使用办法、综合成绩折算办法及录取规则、监督机制、咨询及申诉渠道等。招生简章报经教育部核准备案后，向社会公布。

（2）考生申请报名。符合生源所在地当年高考报名条件以及强基计划招生学校报考条件的考生，由本人提出申请，按高校招生简章要求进行网上报名。省级招生考试机构要对本地报名考生的高考报名资格进行严格审核。

（3）考生参加统一高考。报名考生必须参加全国统一高考。

各省级招生考试机构原则上根据高校招生简章确定的规则向有关高校提供报名考生高考成绩（不含高考加分）。

（4）确定入围高校考核名单并将其公示。对于以高考成绩入围高校考核的，有关高校在各省（市、区）本科一批录取最低控制分数线（合并录取批次省份应单独划定相应分数线，下同）上，按照生源所在省份强基计划招生名额的一定倍数，以考生的高考成绩从高到低确定参加高校考核的名单。

对于符合高校破格入围条件的考生，考生的高考成绩应达到高校招生简章确定的要求，且原则上不得低于各省（市、区）本科一批录取最低控制分数线。

有关高校应确定入围高校考核的考生名单并公示入围标准。

（5）组织高校考核。有关高校要完成对入围考生组织的高校考核（含笔试、面试）和体育测试，其中体育测试结果作为录取的重要参考。

高校考核是国家教育考试的组成部分，由招生高校负责组织实施。有关高校要严格执行教育部关于特殊类型考试招生工作的相关规定，合理确定高校考核的内容和形式。积极探索通过笔试、面试、实践操作等方式，考查学生分析问题、解决问题的能力和创新思维，增强选才的科学性。要充分运用学生综合素质档案，全面、深入地考查学生的能力和素养。要加强命题安全管理和质量管理，加强面试专家等相关人员名单的安全保密工作，认真执行回避制度。高校考核的笔试、面试应安排在国家教育考试标准化考点进行，面试采取专家、考生"双随机"抽签的方式，全程录音录像。

考生综合素质档案由省级教育行政部门或中学根据入围高校考核的考生

名单提供。已建立省级统一信息平台的省份，由省级教育行政部门统一将考生电子化的综合素质档案提供招生高校。未建立省级统一信息平台的省份，由考生就读中学提供经中学校长签字确认的综合素质档案。考生综合素质档案须提前在考生就读的中学详尽公示。

（6）确定录取名单并公示。有关高校将考生高考成绩、高校综合考核结果及综合素质评价情况等按比例合成考生综合成绩（其中高考成绩所占比例不得低于85%），并根据考生填报志愿，按综合成绩由高到低确定录取名单，提交生源所在省级招办办理录取手续。各省级招办应在提前批次录取开始前完成录取备案。破格录取的考生应按照高校招生简章公布办法进行录取。被录取考生不再参加后续的高考志愿录取。有关高校须确定录取考生名单并公示录取标准。

4.基础学科招生改革试点招生人数

2020年强基计划的招生人数已经全部公布，强基计划全国的招生人数共6090人，但各院校的招生人数差异很大，名额最多的有900人，最少的30人。其中，北京大学和清华大学共1800个招生名额，占据招生总额的30%；南京大学、上海交通大学、中国科技大学、复旦大学、浙江大学、西安交通大学和哈尔滨工业大学（除哈尔滨工业大学招生人数为180人外，其余6所均为210人）等高校共有1440个招生名额，接近总招生名额的25%。

根据强基计划的招生人数（表4-9），可将院校分成8个档次。

第一档：清华大学、北京大学各900人。

第二档：复旦大学、上海交通大学、南京大学、浙江大学、中国科技大学、西安交通大学各210人。

第三档：哈尔滨工业大学、四川大学、山东大学各180人。

第四档：中山大学、武汉大学、北京航空航天大学、北京理工大学、天津大学、南开大学各150人。

第五档：北京师范大学、厦门大学、同济大学、中南大学、兰州大学、华中科技大学各120人。

第六档：中国人民大学、华南理工大学、东南大学、大连理工大学、西北工业大学、华东师范大学、重庆大学各90人。

第七档：吉林大学、国防科技大学各 60 人。

第八档：电子科技大学、中国农业大学、中国海洋大学、中央民族大学各 30 人。

表 4-9　强基计划招收人数表

学　　校	招生专业	人　　数
中国海洋大学	生物科学	30
西安交通大学	数学类、物理学类、生物技术、哲学、核工程与核技术	210
山东大学	数学与应用数学、物理学、化学、生物科学、汉语言文学（古文字学方向）、历史学、哲学	180
武汉大学	数学与应用数学、物理学、化学、生物科学、基础医学、汉语言文学（古文字学方向）、历史学、哲学	150
兰州大学	数学与应用数学、物理学、化学、生物科学、汉语言文学（古文字学方向）、历史学	120
中山大学	数学与应用数学、物理学、化学、生物科学、生态学、汉语言文学（古文字学方向）、历史学、哲学、基础医学	150
中南大学	数学与应用数学、应用物理学、应用化学、生物科学	120
华南理工大学	数学类、化学类、生物技术	90
厦门大学	数学类、物理学、化学类、生物科学、历史学、哲学	120
南开大学	数学与应用数学、物理学、化学、生物科学、历史学、哲学	150
南京大学	数学与应用数学、信息与计算科学、物理学、化学、生物科学、汉语言文学（古文字学方向）、历史学、哲学	210
北京大学	数学类、物理学类、化学类、力学类、生物科学类、历史学类、考古学、哲学类、中国语言文学类（古文字学方向）、基础医学（八年制）	900
中国人民大学	哲学、汉语言文学（古文字学方向）、历史学	90
清华大学	数学与应用数学、物理学、化学、生物科学、信息与计算科学、数理基础科学、化学生物学、理论与应用力学、中国语言文学类（古文字学方向）、历史学类、哲学类	900

续　表

学　校	招生专业	人　数
北京航空航天大学	数学与应用数学、信息与计算科学、应用物理学、化学、工程力学	150
北京理工大学	数学与应用数学、应用物理学、化学、工程力学	150
中国农业大学	生物科学	30
中央民族大学	中国少数民族语言文学（古文字学方向）、历史学、哲学	30
天津大学	数学与应用数学、应用物理学、应用化学、工程力学、生物科学	150
大连理工大学	数学与应用数学、应用物理学、应用化学、工程力学	100
吉林大学	数学与应用数学、物理学、化学	60
上海交通大学	数学与应用数学、物理学、化学、生物科学、生物医学科学、工程力学	210
华东师范大学	数学与应用数学、物理学、生物科学、哲学、汉语言文学（古文字学方向）	90
东南大学	数学类、物理学类、化学类、哲学	90
浙江大学	数学与应用数学、物理学、工程力学、化学、生物科学、生态学、基础医学、历史学、哲学、汉语言文学（古文字学方向）	210
中国科学技术大学	数学与应用数学、信息与计算科学、物理学、应用物理学、化学、生物科学、生物技术、理论与应用力学、核工程与核技术	210
西北工业大学	数学类（数学与应用数学、信息与计算科学）、应用物理学、化学类	90
国防科技大学	数学与应用数学、物理学	60
华中科技大学	数学与应用数学、物理学、化学、生物科学、基础医学、汉语言文学（古文字学方向）、哲学	120
北京师范大学	数学与应用数学、物理学、化学、生物科学、历史学、哲学	120
哈尔滨工业大学	数学类（含数学与应用数学、信息与计算科学）、应用物理学、核工程与核技术	180
复旦大学	数学与应用数学、物理学、化学、生物科学、基础医学、汉语言文学（古文字学方向）、哲学、历史学	210
同济大学	数学与应用数学、应用物理学、应用化学、生物科学	120

学　校	招生专业	人　数
四川大学	数学与应用数学、物理学、化学、生物科学、生物科学、工程力学、汉语言文学（古文字学方向）、哲学、历史学	180
重庆大学	数学与应用数学、物理学	90
电子科技大学	应用物理学	30

注：根据各学校教务处官网当年公告。

（四）三大专项计划

三大专项计划是面向农村和贫困地区学生的招生计划，即国家专项计划、地方专项计划和高校专项计划。三大专项计划有不断扩大招生规模的趋势，2016年三大专项计划共录取学生9万余人，较2015年增长了20%以上。

1. 国家专项计划

贫困地区定向招生专项计划又被称为"国家专项计划"，国家专项计划定向招收集中连片特殊困难县、国家级扶贫开发重点县以及新疆南疆四地州的学生……国家专项计划由中央部门和地方以本科一批招生为主的学校承担。具体而言，本科计划由中央部门高校和在本科一批招生的地方高校共同承担招生及培养任务，高职计划则由国家示范性（含骨干）高等职业学校承担招生及培养任务。

国家专项计划自2012年启动以来，招生规模不断扩大，已由最初的1万名增长到2016年的6万名。

报考学生须同时具备下列三项条件：符合统一高考报名条件；本人具有实施区域当地连续3年以上户籍，其父亲或母亲或法定监护人具有当地户籍；本人具有户籍所在县高中连续3年学籍并实际就读。

报考国家专项计划考生必须参加当年的全国统一考试。录取分数原则上不低于招生学校普通类招生所在批次科类录取控制分数线。同批次内生源不足时，高校应通过公开征集志愿方式录取。经征集志愿仍未完成的计划，应适当降分录取。有政审、面试、体检等特殊招生要求的高校或专业可安排在提前批次录取。

2. 地方专项计划

地方重点高校定向招收实施区域的农村学生的专项计划简称"地方专项计划"。地方专项计划定向招收各省（市、区）实施区域的农村学生，安排招生计划原则上不少于有关高校年度本科一批招生规模的 3%。

地方专项计划的具体实施区域、报考条件和录取办法由各省（市、区）根据本地实际情况确定，实施区域要对本省（市、区）民族自治县实现全覆盖。

报考地方专项计划的考生必须参加当年全国统一考试。具体报名要求、录取办法、填报志愿方式，考生可详细阅读各省招生考试单位下发的地方专项计划相关规定。

3. 高校专项计划

农村学生单独招生简称"高校专项计划"。高校专项计划主要招收边远、民族等地区县（含县级市）以下高中勤奋好学、成绩优良的农村学生，招生计划不少于有关高校年度本科招生规模的 2%，具体实施区域由有关省（市、区）根据上述要求确定。2016 年，全国共 95 所高校具有高校专项计划招生资格。

报考学生须同时具备下列三项条件：符合统一高考报名条件；本人及父亲或母亲或法定监护人户籍地在实施区域的农村，本人具有当地连续 3 年以上户籍；本人具有户籍所在县高中连续 3 年学籍并实际就读。

与国家专项计划和地方专项计划不同的是，高校专项计划在每年的 4 月份，有关高校公布招生简章，考生完成报名申请。高校专项计划单报志愿、单独录取，在本科一批开始前完成录取，录取分数原则上不低于有关高校所在批次录取控制分数线。

由于国家专项计划、地方专项计划、高校专项计划的招生院校、报考条件、录取优惠等方面各有所不同，所以针对的范围和对象不同。考生要根据自己的情况填报相应的专项计划，可以选择其中某一项或数项专项计划报考。

4. 三大专项计划的区别

（1）城镇户籍也可报考国家专项计划。与地方专项计划和高校专项计划不同，虽然国家专项计划的全称为"农村贫困地区定向招生专项计划"，但不管是城镇户口还是农村户口，只要考生符合高考报名条件；本人具有实施区域当地连续 3 年以上户籍，其父亲或母亲或法定监护人具有当地户籍；本人具有户籍所在县高中连续 3 年学籍并实际就读的，都可以报考国家专项计划。而地方专项计划和高校专项计划只能是实施区域当地的农村户籍考生报考。

（2）报名及录取方式有所区别。国家专项计划和地方专项计划不需要考生单独报名和递交其他材料，志愿填报开始后，按照省级招办的志愿设置及录取批次（一般是在本科提前批结束后，本科一批开始前录取）要求填报。而高校专项计划实际上属于高校自主招生，考生需要在每年的 4 月 25 日前在阳光高考平台上单独报名，并按照高校要求提交相应材料，经专家审核通过后，于高考后规定时间参加笔试和面试（有的学校不需要笔试和面试），合格后享受该校一定的录取分数照顾。清华大学的自强计划和北京大学的博雅计划就属于这种。

（3）高考成绩要求不同。在三大专项计划中，国家专项计划既有本一，又有本二批次院校参与招生，也就是说，只要达到本二批次分数的考生就可以报考国家专项计划中的部分院校；地方专项计划的投档线以往一般为本科一批省控线，所以只有本科一批分数线以上的考生才能填报（经省招考委同意，个别院校在征集志愿后也不能完成计划，降分录取的除外）；高校专项计划录取的学生则必定是本科一批投档线以上的学生。

（4）注意把握征集志愿机会。国家专项计划和地方专项计划根据考生投档的成绩，结合各地区配额，从高分到低分向学校投档，供学校审录。如果学校线上生源不足，专项计划的征集志愿一般会面向实施区域内所有地区成绩达到相应批次线、符合专项计划报考条件的未录取的考生，也不再受配额限制。符合条件的考生应注意把握机会。

二、第二大类：特殊类招生——艺术、体育、保送

（一）艺考

艺术联考是指目前国内各大艺术类院校，或者各大院校的艺术系对于高

中三年级艺术类考生在高三第一学期末举行的一次综合的专业考试。专业考试包括校考和省级统考两种形式。取得艺术专业考试合格证的考生还须参加高考，按艺术类院校的录取原则录取。

通过高考招收的艺术类考生在进入大学以后专门学习艺术专业。艺术类专业考生一般还可兼报除提前批次外的其他批次的普通类专业。

1. 艺考适合人群

具备美术、声乐、舞蹈、器乐、书法、播音主持、编导、表演等特长，且大学专业仍选择艺术类的学生。

在一般情况下，艺术类专业学费比普通专业高一些。

2. 艺考注意事项

（1）大部分省市在12月左右进行高考报名，某些省市的艺术类考生需要单独报名，班主任老师一般会说明。

（2）领取艺术类报考证。不需要统考的省市在1月左右可以直接从报考学校领取艺术类报考证，这是在各大院校进行校考时的凭证。需要统考的省市一般要先进行统考，在规定的时间上网报名，打印准考证，按准考证上面的时间、地点参加考试，统考合格后获得统考合格证，才有资格参加各大学校的校考。

（3）各大院校招生简章从12月开始发布，考生要密切关注，做好考试选择和时间安排。需要网报的学校，考生要提前进行网络报名。有些学校还要网上缴费，考生要按时间、要求进行现场确认。

（4）网报的学校需要现场确认，不需要网报的学校就是现场报名。现场报名一般在考试前的两三天，需要考生到考点递交材料，如身份证、省统考信息表以及部分学校要求填写的表格、张贴的照片等，具体看招生简章的要求，现场确认后拿到准考证。

（5）获得省统考合格证或校考合格证的考生方可填报相关艺术院校（专业）志愿。获得省统考合格证的考生，如果招生学校组织校考，考生还必须获得校考合格证。

（6）3月到4月，各大学校会公布专业成绩查询方式或者专业通过名单。大部分学校会给通过专业考试的考生寄发艺术类合格单，部分不寄发的学校，考生需要自行在指定时间到学校网站打印合格证。

（7）确认艺术类考生。在获得专业合格证后，大约在3月或者4月考生需要向招办递交一张专业合格证（一般学校会通知，并负责执行），递交有效后才能正式确认为艺术类，没通过专业考试的考生转为普通类。考生一定要根据省招办和招生高校的要求来填报志愿。艺术类院校一般在提前批次录取。另外，艺术类专业的考生一般还可兼报除提前批次外的其他批次的普通类专业。

3. 艺考录取方式

（1）文化课过关，按专业成绩从高到低录取。在艺考改革实施前，大部分院校都会采用这种录取方式，这种录取方式拼的就是考生的专业课成绩。现在采用这种方式录取的院校常见于专业的艺术类院校，如29所独立设置本科的艺术院校的绝大部分专业。如果考生专业课素质过硬，文化课能过省提档线，选择使用这种录取方式的院校报考，录取概率会更大一些。

（2）专业课和文化课均过线，各取一定比例按综合分从高到低录取。这是目前最为常见的艺术类录取方式，是艺考改革的指导性录取方式。综合性大学使用较多，一般是"专业课的40%+文化课的60%"或者"专业课的60%+文化课的40%"。

（3）专业课过关，按文化课成绩从高到低录取。采用这类录取方式的院校非常少，只是个别专业，文化课特别好，专业课较差的考生可以报考这类院校，录取概率会大一些。

（4）按统考成绩从高到低录取。现在，很多院校已经不单独组织校考，而是直接采用各省统考的成绩，一般是文化课过线后，按照统考成绩从高到低录取。报考这类院校时，考生一定要注意查看前几年的录取分数线以作为参考。

（二）高水平艺术团（艺术特长生）

高水平艺术团招生是指部分高校为活跃校园文化、丰富校园生活而招收的具有艺术特长的考生。考生参加艺术测试合格后，可在高考中享受降分录取的优惠政策。报考高水平艺术团的考生，被高校录取后进入普通专业学习，如计算机、法学等，但要利用课余时间参加文艺排练和演出。

（1）适合人群：具备音乐、舞蹈、戏剧、书画等艺术特长，但大学想学习普通专业的学生。

（2）报名：考生要关注省市及各校发布的招生办法和招生简章。

（3）艺术测试：分为省统一测试和高校测试两大类。各省市的规定可能有所差异。

（4）签订协议：测试合格的考生要与学校签订协议，录取时享受相应的优惠政策。

（5）名单公示：测试合格的考生名单集中在阳光高考平台上公示。

（6）高考：参加全国统一考试。

（7）填报志愿：考生一般要选择签订协议的高校作为第一志愿学校或根据省级招办及高校的要求填报在相应的批次、志愿栏内。

（8）艺术类专业招生和高水平艺术团招生的区别。

①艺术类专业招生和高水平艺术团招生是两种不同的招生类型。

②报考专业不同。在艺术类专业招生中，考生报考的是普通高等艺术院校或普通高等院校的艺术类专业（如动画、美术、表演等）。在高水平艺术团（以前的艺术特长生）招生中，考生报考的是高校的普通专业（如经济学、计算机科学与技术等）。

③考核方式不同。报考艺术类专业，考生必须通过艺术类专业考试。专业考试包括省统考和校考两种形式。报考高水平艺术团，考生需要参加省招办组织的统测和学校组织的校测。艺术类专业考试和高水平艺术团测试的内容、形式、评分标准等都不同。

④录取标准不同。取得艺术类专业考试合格证的艺术类考生要参加高考，按艺术类院校的录取标准录取。取得高校高水平艺术团资格的考生也要参加高考，并享受相应高校降分录取的优惠政策，但需要达到学校所在批次录取控制分数线。

⑤全国只有53所高校招收高水平艺术团，且招生计划只占学校当年总计划的1%。艺术类招生高校和招生计划相对较多。

（三）三个体育类招生

符合普通高校招生报名条件且具有一定体育专长的考生可报考体育类招生。体育类招生主要有三种类型：体育专业招生、体育单招（运动训练、武术与民族传统体育专业招生）和高水平运动队招生。

体育专业招生和运动训练、武术与民族传统体育专业招生属于纯体育专业，入校后按教育部有关规定不得转入文理科专业。

体育单招是指经教育部、国家体育总局批准的部分院校可以对运动训练、武术与民族传统体育（原名"民族传统体育"）专业实行单独招生。

高水平运动队招生录取的专业一般为文理科专业，所有考生入校后必须参加运动队教学训练和竞赛活动，录取高校与考生签订协议，明确入校后参加运动队的义务和责任。

1. 体育专业招生

报考体育专业的考生必须分别参加省体育术科考试和普通高校招生全国统一文化考试（简称"文化考试"）；部分省市还有体育特招生计划，报考特招生的考生必须参加全省特招生专项测试。

根据教育部《普通高等学校本科专业目录（2012年版）》，教育学门类下设体育学类，其中包括体育教育、运动训练、社会体育指导与管理、武术与民族传统体育（原名"民族传统体育"）、运动人体科学5个基本专业，还有运动康复（可授教育学或理学学士学位）和休闲体育两个特设专业。此外，管理学门类的工商管理类下设体育经济与管理专业。有些高校还开设了新闻学专业（体育新闻方向）。

在这些专业中，报考体育教育、社会体育指导与管理、休闲体育等专业的考生，除了参加普通高考的文化课考试外，一般还要参加所在省（市、区）组织的体育类专业考试并取得合格成绩。体育类专业考试一般包括身体素质考试项目（100米跑、原地推铅球、800米跑等）和专项技术考试项目（田径、篮球、排球、足球、网球、羽毛球、乒乓球、体操、武术、游泳等）。部分省市还会组织面试。报考运动人体科学、体育经济与管理、新闻学（体育新闻方向）等专业的考生一般不必参加体育专业考试和面试，但必须具备一定的体育运动基础，具体详见各省（市、区）当年体育类招生规定、办法等。

报考体育类专业的考生要按生源所在地省级招办要求参加高考报名、考试、填报志愿等工作。体育类本科专业一般提前录取；体育类高职（专科）专业一般在高职（专科）提前批中进行录取（各省批次设置有差异）。报考运动人体科学、体育经济与管理、新闻学（体育新闻方向）等专业的考生要特别注意这些专业所在批次（以生源所在地省级招办公布的当年《普通高等学校招生专业目录》为准）。

各省级招生委员会划定并公布当年体育类专业最低文化控制分数线。

2. 体育单招

报考运动训练、武术与民族传统体育的考生可参加单独招生考试。考生须符合高考报名条件，且具备上述所列项目之二级运动员（含）以上运动技术等级资格。按往年政策，运动训练、武术与民族传统体育专业的招生实行文化考试和体育专项考试相结合的办法。

文化考试科目为语文、数学、政治、英语四科，各科试卷满分为150分，总分600分。试卷由教育部考试中心组织命题并印制；省级招生考试机构负责试卷接收。考生必须参加户籍所在地省级招生考试机构组织的文化考试。体育专项考试满分100分，考试由招生院校负责组织，执行国家体育总局制定的当年的《普通高等学校运动训练、武术与民族传统体育专业体育专项考试方法与评分标准》。

另外，根据教育部、国家体育总局等六部委《关于进一步做好退役运动员就业安置工作的意见》和教育部有关文件规定，优秀运动员仍然可以按照有关程序免试进入高等学校学习。

运动训练专业所设项目为田径、足球、篮球、排球、沙滩排球、乒乓球、羽毛球、网球、手球、垒球、棒球、曲棍球、游泳、跳水、花样游泳、水球、赛艇、皮划艇、帆船、帆板、体操、艺术体操、蹦床、技巧、举重、柔道、跆拳道、拳击、摔跤（古典、自由）、现代五项、铁人三项、自行车、马术、击剑、射击、射箭、高尔夫球、橄榄球、花样滑冰、速度滑冰、短道速滑、越野滑雪、高山滑雪、跳台滑雪、自由式滑雪、单板滑雪、冰球、冰壶、冬季两项、围棋、国际象棋、登山、滑水、摩托艇、蹼泳。

武术与民族传统体育专业所设项目为武术套路、散打、中国式摔跤。

考生必须参加生源地省级招生考试机构组织的高考报名，并依据各院校招生简章要求，统一在"中国运动员文化教育网"体育单招考试系统中进行考试报名。具体报名时间：冬季项目报名时间为每年的1月1日至1月15日，其他项目报名时间为每年的3月1日至3月15日。

报名考生的运动技术等级以国家体育总局官方网站"运动员技术等级综合查询系统"公示的数据信息为准。

文化考试最低录取控制分数线由各招生院校根据当年招生计划及生源情况确定，报院校所在地省级招办备案。具备一级运动员等级资格的考生，其文化考试成绩可在原始分的基础上增加30分；具备运动健将技术等级资格的考生，其文化考试成绩可在原始分的基础上增加50分。在文化考试成绩达到最低录取控制分数线的基础上，各招生院校根据考生的文化考试成绩（折合百分制）的30%及体育专项考试成绩的70%进行综合评价，按照项目择优录取。

3. 高水平运动队招生

高水平运动队是普通高校为了活跃校园生活，提高体育竞技水平，并满足大学生运动会的组队需要招收的具有体育方面特长的考生。因此，他们的报考科类为文科类或理科类，录取到高校后就读于文科类或理科类专业，在学习本专业的同时利用业余时间参加学校的体育训练。

符合普通高校年度招生工作规定的报名要求、年龄不超过22周岁且具备以下条件之一者方可参加高水平运动队招生考试报名：①高级中等教育学校毕业，获得国家二级运动员（含）以上证书且高中阶段在省级（含）以上比赛中获得集体项目前六名的主力队员或个人项目前三名者；②具有高级中等教育毕业的同等学力，获得国家一级运动员（含）以上证书者，或近三年内在全国（或国际）集体项目比赛中获得前八名的主力队员。

这些考生需要通过省级教育主管部门的统一测试，测试包括体育专项技术测试和专项素质测试两部分。被高校认定为高水平运动员的考生在录取时享受优惠政策，文化课由报考学校单独组织考试。

报考方式：报考高水平运动员的考生要参加各省市组织的统一体育测

试，在规定时间内参加招生学校组织的体育专项测试。获得高水平运动员资格的考生还要参加全国统一高考。获得一级运动员、运动健将、国际健将及武术武英级（或以上）称号之一的考生，可申请参加招生院校组织的文化课单独考试，也可选择参加全国统一的招生考试。招收高水平运动员的院校的招生简章大多在 10 月中旬随各院校自主招生、保送生等招生信息同时发布，考生及家长应密切关注。

（四）保送生

保送生无须参加高考，经学校推荐，即可进入大学就读。不同省份的保送生政策略有区别，一般省级优秀学生、高中阶段在全国中学生学科奥林匹克竞赛省级赛区中获得奖项以及获得全国决赛奖项的应届高中毕业生和一些外国语学校的学生都是保送对象。

保送生也需要参加测试，高校会对拟录取的保送生进行文化测试及相关考核，以保证保送生生源质量。保送生人数非常少，全国不到 3000 人。

1. 保送生适合人群

（1）教育部批准的 16 所外国语中学的应届高中毕业生（2016 年起逐步减少外国语中学的保送生名额）。

（2）获奥林匹克竞赛一等奖，并被选为奥林匹克竞赛国家队集训的应届高中毕业生。

（3）省级优秀学生。

（4）符合保送要求的退役运动员。

（5）公安英烈子女。

2. 保送生报考方式

第一步：在各地规定的高考报名时间内，学生参加高考报名。

第二步：高校招收保送生计划、专业、办法和简章，并通告省级招办（或教育考试院）及有关中学。

第三步：相关中学将推荐考生材料寄送有关高校。

第四步：每年 4 月 10 日前，高校对学生进行资格审查、测试，确定拟录取名单，并将有关数据上报教育部阳光高考平台，同时报送省级招办（或教育考试院）。

第五步：每年 4 月 20 日前，省级招办审核、公示拟录取名单，并办理录取手续，4 月 30 日前将保送生录取名册寄至相关高校。

第六步：每年 9 月 1 日前，省级招办（或教育考试院）将有关高校招收保送生名单报教育部备案。

三、第三大类：军事公安类

报考此大类的考生，需要通过严格的政治审查、体检和体测。

（一）国防生、军校生

国防生是指根据部队建设需要，由军队依托地方普通高校，从参加全国高校统一招生考试的普通中学应届高中毕业生（含符合保送条件的保送生）中招收的和从在校大学生中选拔培养的后备军官。国防生取得毕业资格和相应学位后，按协议办理入伍手续并任命为军队干部。

军校生也称"军校学员"。不论是在解放军军事院校还是在武警军事院校中学习的学员，只要是在部队院校中就读的学生，皆称为军校学员。军校生是根据军队建设需要，由军队院校从参加国家统一招生考试录取或保送入学且毕业后由军队统一分配的学生。

1. 国防生、军校生适合人群

参加高考的普通高中应届、往届毕业生均可报名。年龄不低于 17 周岁，不超过 20 周岁（截至 8 月 31 日）；政治条件符合《关于军队院校招收普通高中毕业生和军队院校接收普通高等学校毕业生政治条件的规定》；身体条件达到军队院校招收学员体格检查有关标准；高考成绩达到省教育考试院公布的本科二批省录取最低控制分数线及以上；未婚。报考机要、潜艇、飞行、刑侦、艺术类专业的，还应符合相关专业政治条件、身体条件方面的特殊要求，院校招生简章中会具体说明。

2. 国防生、军校生报考方式

国防生的报考方式：①填报志愿；②政审体检；③投档录取；④复审复查；⑤签订协议。

军校生的报考方式：①报名；②面试、政治思想考核；③体格检查；④文化科目考试；⑤录取；⑥报到；⑦复查和复试；⑧办理入伍手续。

3.国防生、军校生录取方式

军校生和国防生安排在提前批本科录取，录取执行院校所在批次线。在录取军校生和国防生时，省级招办将该院校合格生源中的第一志愿考生档案投给院校，由院校从高分到低分审录；当第一志愿生源不足时，将以该校为后续志愿的合格考生按比例补投；第三志愿投档后生源仍不足时，省级招办向院校提供军检合格生源信息，由院校将同意调剂到本校的考生名单报省招办，省招办审核后投档。录取时间一般在7月上旬，具体时间详见当地的高考招生录取安排。

军校新生入学后，军校在3个月内进行政治复查和身体检查，合格者即取得军籍和学籍，享受部队供给制学员待遇，学习和生活费用由军队承担，其家庭享受军属待遇，学员每月按标准领取津贴费（现行标准约700元/月）。国防生入学后生活费和学费自理，享受国防奖学金（现行标准10 000元/年）。除正常学习外，军校生和国防生还需要参加军队组织的军政训练、当兵锻炼和见习代职等活动，达到相应培养目标，取得学历、学位证书后，由军队办理入伍手续并任命为军队干部。考生除报考前体检外，入学后还需要参加复检，复检不合格的将被退学，调剂到省属普通高校就学（一般为二本以下）。

（二）公安院校招生

公安院校招生是指公安普通高等院校、公安现役院校在各省的招生。

报考中国人民公安大学、中国刑事警察学院、南京森林警察学院、铁道警察学院、新疆警察学院和河北公安警察职业学院（以上院校简称"公安普通高等院校"）、中国人民武装警察部队学院、公安海警学院（以上两所院校简称"公安现役院校"）的考生必须符合相应的政治、身体条件。

（1）达到报名条件且政审合格的考生凭准考证、身份证、登记表和政审表参加面试、体检和体能测试。志愿报考公安普通高等院校的考生先面试（无需空腹），后体能测试，不参加体检。志愿报考公安现役院校的考生上午空腹体检，下午面试，不参加体能测试（以具体规定为准）。面试、体检和体能测试时间、地点以各省市发布的信息为准。

（2）录取方式。公安普通高等院校、公安现役院校根据招生层次分别安排在提前特殊类型批、本科提前批（A、B）和专科提前批录取，均不实行平行志愿投档。中国人民公安大学、中国刑事警察学院和中国人民武装警察部队学院在本科提前批 A，执行本科一批录取控制线；中国刑事警察学院治安学（文、理）、禁毒学（文、理）、警犬技术专业（文、理）和侦查学（文、理）专业，公安海警学院、铁道警察学院本科专业、南京森林警察学院在本科提前批 B，执行本科二批录取控制线。河北公安警察职业学院、铁道警察学院专科专业在专科提前批，执行专科批录取控制线。

省教育考试院将第一志愿报考该院校的面试、体检和政审均合格且达到相应批次控制线的考生，依据考生分数，按照招生计划的 120% 投档，招生学校负责审查录取。当每批次一志愿线上生源不足时，省教育考试院向社会公布缺额计划，组织二志愿征集，并按照计划缺额数量的 120% 向招生院校投档。招生录取工作要坚持"择优录取"的原则，确保生源质量。

公安部所属各院校国家专项计划和新疆警察学院等特殊专业招生安排在提前特殊类型批，国家专项计划招生执行本科一批录取控制线，新疆警察学院等特殊专业招生执行院校所在批次录取控制分数线，在本科提前批 A 一志愿发档前一志愿录取结束。当一志愿生源不足时，省教育考试院公布缺额计划，组织征集，与本科提前批 A 二志愿征集同期进行，在本科提前批 A 二志愿发档前录取结束。

招生院校负责对未录取考生的解释及其他遗留问题的处理。已被录取的考生入学后，由学校进行复检，对不符合条件的考生予以退回。

（三）航海类专业招生

在提前批次的填报中，除了考生和家长比较关注的军校生、国防生、免费师范生等类别之外，航海类专业也是关注点之一。

（1）航海类专业主要包括航海技术、轮机工程和船舶电子电气工程三个专业。航海类专业主要设置于海事类院校。

（2）航海类专业与普通本科专业在报考方面有一些不同，主要体现在以下方面：对身体条件要求极高，不适宜女生报考，只招少量女生。航海类专业并不适合所有学生报考，还请有意向报考的考生根据专业的工作性质，分析自身情况，合理选择。

（3）航海类专业大部分设置于本科提前批次填报，具体分数线可参考往年录取情况。其中，武汉理工大学在其招生章程中说明：由于对报考这两个专业的考生身体条件要求较高，若合格生源不足，经有关省（市、区）招办批准可放宽至本科一批录取控制分数线下 20 分（不低于本科二批录取控制分数线）择优录取。

目前，国内开设航海类专业的高校较过去开始增多，但是只有大连海事大学、上海海事大学、集美大学和武汉理工大学等几所专业发展历史悠久、积淀深厚的高校就业情况良好。

（四）三项招飞（空军、海军、民航）

1. 空军招飞

空军招收飞行学员是军队院校招生和军官培训工作的一个组成部分。从 1989 年开始，招收飞行学员工作正式纳入国家普通高等学校统一招生计划后，考生必须参加全国普通高等学校招生统一考试。空军招飞属于全国普通高校招生体系，是军队院校招生工作的重要组成部分，招收的飞行学员进入空军航空大学或清华大学、北京大学、北京航空航天大学"双学籍"飞行员班学习。

参加空军招飞的考生要参加两次招飞选拔。第一次是招飞预选初检，检测时间约为半天，通常在高三上学期进行；第二次是招飞全面检测，检测时间大约为 4 天，通常安排在春节之后，也就是高三下学期开学之初进行。

符合年龄和身体条件的男生，应届、往届考生均可报考。

通常在每年的 9—10 月报名，10—11 月初选，12 月至次年 5 月复选，6—7 月定选。

高中生飞行学员入学后，实行 3 个月考察期，合格者取得学籍、军籍，具体采取两种培养模式，即"四年一贯制"培养模式和"3+1"军地联合培养模式。

（1）"四年一贯制"培养模式。飞行学员在空军航空大学全程培养 4 年，主要进行基础教育和初级教练机飞行训练。达到培训要求的学生，获得大学本科学历和学士学位，定为副连职军官，授予空军中尉军衔。因身体或技术原因不适合继续学习飞行的，转入空军工程大学等军队院校学习航空管制、机关参谋等地面本科专业，总学制4年。

（2）"3+1"军地联合培养模式。飞行学员在北京大学、清华大学、北京航空航天大学学习3年，在空军航空大学学习1年。①选拔程序。根据教育部、总政治部下达的联合培养计划，空军按照计划数的1.5倍左右，从招收的高中生飞行学员中遴选，确定预选对象，组织到空军航空大学进行军政基础集中训练和体验飞行；择优录取高考成绩优异、体验飞行合格的学员，于9月上旬进入北京大学、清华大学、北京航空航天大学联合培养。联合培养对象高考成绩不得低于三所地方高校各省统招线降60分（以高考总分750分的省份为基准，其他省份按照比例折算）。②相关待遇。联合培养飞行学员注册空军航空大学和地方高校"双学籍"，学历为本科。在地方高校学习期间，学生享受军队院校飞行学员相关待遇。毕业考核合格的学生，获得空军航空大学和地方高校同时具印的大学本科毕业证书，并按规定分别授予相应学士学位。

飞行学员培训。高中毕业生飞行学员培训分基础教育和飞行专业学习两个阶段。基础教育时间为两年六个月，开设大学本科基础、军事理论、政治理论、航空理论、体育训练等课程共四十余门，学员要打下良好的思想政治、科学文化、军事专业、领导管理和身体、心理等方面的基础。

飞行专业学习时间为一年六个月，学习训练初级教练机和高级教练机飞行基本技术。毕业时，学员要达到熟练掌握飞行基本驾驶技术的水平，获得大学本科学历，授予军事学学士学位，任职副连职飞行军官，授予空军中尉军衔。

飞行学员待遇。飞行人员是党和国家的宝贵财富，享有较高的政治待遇和社会荣誉。由于飞行工作的特殊需要，飞行人员除享受现役军官的待遇外，还按照有关规定享受飞行人员特有的待遇。

飞行学员在取得学籍后，从开学之日起计算军龄，家庭享受军属待遇，学习期间一切费用由国家提供，同地方院校和部分军队院校相比，家庭可节省经费6万～7万元；飞行学员在校学习期间的第二学年安排探亲假；飞行学员毕业后任飞行军官，授予空军中尉军衔，享受优厚的工资待遇，不需要考虑就业问题，解除了后顾之忧。

飞行人员根据个人飞行技能，享受飞行等级补助金和飞行小时补助金；飞行人员的行政职务，根据飞行年限一般均可由连职逐级晋升至师职。

为了保证飞行人员有强健的体魄，国家规定飞行人员有较高的伙食标准，学员在校学习期间享受学员津贴，毕业后按任命的职务、级别、军衔获得相应的工资；每年可享受身体健康疗养一个月；飞行人员结婚后，配偶即可随军，随军后优先安排住房和工作，没有随军的每年安排探亲休假一次；单身的飞行人员可住在飞行员公寓，房间设备齐全；飞行人员的子女参加地方高考、中考，凡符合空军院校招生条件的，优先录入空军院校学习。飞行学员的具体报名办法等招生政策请关注空军招飞网。

2. 海军招飞

海军航空兵作为海军五大兵种之一，伴随着建设强大海军的铿锵步伐和航母部队的快速发展，正大踏步地由陆基跃向舰载、由近海驶向远洋。海军航空兵部队的建设发展需要大批精英人才，海军每年9—12月在全国普通高中招收飞行学员。

海军飞行学员需要通过严格的报名条件筛选、政审、体检以及心理品格测评。海军航空兵学院系一本院校，预计高考成绩能够达到本省二本分数线以上（外语限考英语），且数学、英语单科成绩不过低者方可报名。

高考成绩优异者可推荐至清华大学、北京大学和北京航空航天大学进行军地"双学籍"联合培养。

报考海军飞行学员的基本流程是报名—初检预选—全面检测—定选录取，一般从9月开始到第二年7月结束。

报名：报名工作由学校组织，考生在其所在学校即可报名。

初检预选：一般在9—12月实施，监测站设在各地市。考生持由校医和学校负责人签字盖章的《海军航空兵学院考生报名表》、本人身份证、本人及父母户口簿按规定时间、地点和要求，以学校、县区为单位上站检测，主要进行体格检查、政治考核和文化测试。

全面检测：一般于第二年2—5月实施，监测站设在指定城市。对初检合格考生的身体素质、心理品质、政治条件、文化成绩等进行综合检测、考核，由海军招飞办提供食宿，核销往返路费。

定选录取：一般于高考成绩公布后（6—7月）实施，监测站设在北京海军招飞监测站。考生须将"海军航空兵学院"作为第一志愿填报。海军招飞办根据考生的高考成绩、心理品质成绩相加后的总成绩由高到低排序，按照各省招飞计划数130%～150%的比例，确定各省参加定选的人员名单，依次进行体格检查、心理品质检测和政治考核，由海军招飞办提供食宿，核销往返路费。定选复查结束后，按合格学生高考成绩、心理品质成绩相加后的总成绩由高到低排序确定录取名单，报批后于当年7月中旬发放录取通知书。

（1）"3+2"模式培养。海军飞行学员目前为5年全日制教育，按"3+2"模式培养，即前3年在山东省烟台市海军航空工程学院（"双学籍"学员在北京大学、清华大学和北京航空航天大学）完成大学基础课程、航空理论和军政基础等教育训练内容，第4学年和第5学年在辽宁省葫芦岛市海军航空兵学院完成初教机、高教机飞行训练。

特别提醒：考生须将海军航空兵学院（航空飞行与指挥专业）作为高考第一志愿填报，海军航空兵学院属提前批次录取的一本院校，不影响学生报考其他院校。

（2）联合培养（双学籍）。海军从每年招收录取的普通高中毕业生飞行学员中选拔部分高考成绩优异、体验飞行合格、符合普通高等学校录取要求的学员，送入相关地方的普通高等学校学习，同时注册军队院校、地方普通高等学校的学籍，也就是双学籍。地方普通高等学校负责文化基础知识及相关专业理论教育，海军航空兵学院负责飞行专业理论及实践教育，时间分配由军队院校与相关普通高等学校根据教学需要确定，学制为4年，学历为本科。教学、训练和管理等工作由军队院校与普通高等学校共同负责；学员毕业考核合格的，颁发军队院校和普通高等学校同时具印的毕业证书，并按规定授予相应学位，分配到海军部队从事飞行工作。

目前，海军与北京大学、清华大学和北京航空航天大学联合招收培养双学籍飞行学员。双学籍飞行学员的录取分数线可下调一定幅度，其中北京大学、清华大学在考生所在省该校录取分数线基础上降60分（750分制）录取，北京航空航天大学按考生所在省一本线以上录取。学员在地方高校学习期间，享受军队院校飞行专业学员相关待遇。

3. 民航招飞

民航招飞即民用航空公司（如中国航空公司、中国东方航空公司、中国南方航空公司等）委托高校（如中国民航大学、中国民用航空飞行学院、南京航空航天大学民航学院、上海工程技术大学航空运输学院等）培养飞行学员，学习飞行技术专业。

报考民航飞行员的学生入学后所学专业为飞行技术专业，全国有 12 所院校开设了飞行技术专业（本科）。该专业需要学习空气动力学、飞行力学、飞行性能与操纵原理等方面的知识，培养的是能在民用航空公司从事民航航线飞行驾驶工作，并且符合国际民航航线运输机驾驶员执照标准和营运管理的高级飞行技术人才。

（1）飞行技术专业的基本学制为四年，飞行学员完成全部课程，考核合格，可获得本科毕业证书、学士学位证书、符合国际标准的商用驾驶执照、仪表等级资格证等相关资质证书。

（2）飞行技术专业属提前批录取专业，考生应根据各省各校要求填报志愿。如本人未被飞行专业录取，不影响考生填报的其他院校、专业的正常录取。

（3）飞行专业学生实行公费培养，学生在校理论学习期间只需要按照教育部标准缴纳学杂费等相应费用，飞行培训费由民航公司承担。例如，学生在国外航校学习训练，民航公司承担其在国外航校学习期间食宿等相关费用。学生毕业时取得毕业证、学位证及相应资格证书后，分配至相关航空公司从事民航飞行工作。

（4）目前，国内航空公司招收飞行员的主要方式是委托培训。委托培训的飞行学员分为两种，即养成学员和大改驾学员。

养成学员是指民航公司招收的应届高中毕业生，通过高考录取在相关培训院校（一般为中国民航大学或中国民用航空飞行学院）完成四年本科学习，并完成初始飞行驾驶技术培训。其间，民航公司安排部分学员到国外航校进行飞行技术训练。学生取得相应资格、证书后进入民航公司。

大改驾学员是指从大学生转为飞行员，一般包括"2+2"模式和"3+1"模式以及"4+1"模式三种。"2+2"模式是指学生接受两年普通大学课程教育后，再接受两年飞行驾驶专业教育；"3+1"模式是指学生接受三年普通大学专科课程教育后，再接受一年飞行驾驶专业教育；"4+1"模式是指学生大学本科毕业后，再接受一年飞行驾驶专业教育，取得相应资格证书后，进入民航公司。

四、第四大类：其他类

（一）免费教育师范生

免费教育师范生是指报考教育部六所直属师范大学（北京师范大学、华东师范大学、东北师范大学、华中师范大学、陕西师范大学、西南大学）之一后有条件地接受免费师范教育的学生。

教育部六所直属师范大学师范专业在各地都安排在提前批次录取，凡是达到以下三条标准的毕业生都可以自愿报考。

（1）参加普通高校招生全国统一考试，达到部属师大在本地区的录取分数线。

（2）符合《教育部关于做好普通高校招生工作规定》，热爱教育事业，毕业后愿意长期从教。

（3）身体健康，符合《普通高等学校招生体检工作指导意见》的有关规定。

免费师范生享受"两免一补"（免除免费师范生的住宿费和学费，对免费师范生发放生活补助）政策，就业有保障。

免费师范生入学前需要与学校和生源所在地省级教育行政部门签订协议——《师范生免费教育协议书》，毕业后一般回生源所在地省份从事中小学教育工作十年以上。到城镇学校工作的免费师范毕业生应先到农村义务教育学校任教服务两年。免费师范生在毕业前及在协议规定服务期内，一般不得报考脱产研究生。

免费师范生在校学习期间免除学费，免缴住宿费，并补助生活费。

在相关省级政府统筹下，省级教育行政部门负责落实免费师范毕业生的教师岗位，确保每一个免费师范生毕业后在中小学任教有编有岗。

在协议规定服务期内，免费师范毕业生可在学校间流动或从事教育管理工作。

到中小学任教满一学期后，免费师范毕业生可申请免试在职攻读教育学专业硕士学位。

（二）免费医学生

国家在高等医学院开展农村订单定向医学生免费培养工作，重点为乡镇卫生院及以下的医疗卫生机构培养从事全科医疗的卫生人才。

（1）免费医学生分5年制本科和3年制专科两种，以5年制本科为主，培养专业主要是临床医学和中医学，经过5年或3年的培养后按规定获得相应的学历、学位，不能正常毕业的要按规定退还已享受的减免教育费用。

（2）免费医学生主要招收农村生源，在获得入学通知前，须与培养学校和当地县级卫生部门签署定向就业协议，承诺毕业后到有关基层医疗卫生机构服务6年。

（3）免费医学生在校学习期间免除学费，免缴住宿费，并补助生活费，生活费补助标准由各省结合实际确定，原则上不低于国家助学金补助标准，所需经费由省级财政在医疗卫生支出中统筹落实。中央财政对中西部5年制免费医学生按照每生每年6000元的标准予以补助。

2016年，国家招收5000名免费医学生。

农村免费医学生仅招收农村生源，报考学生须报名参加统一高考，本人及父母或法定监护人户籍须在农村，本人具有当地连续3年以上农村户籍。

（4）报考免费医学定向招生计划的考生必须参加全国统一高考，实行单列志愿、单设批次、单独划线，在本科提前批次录取。免费医学生定向招生计划面向培养高校所在地全省（市、区）招生，原则上只招收农村生源，在符合投档要求的考生范围内，优先录取定岗单位所在县的生源。生源不足时，未完成的计划可在院校所在同批次补征志愿时重新公布剩余计划，并按补征的考生志愿及录取要求，从高分到低分录取，直至完成计划。

（5）农村免费医学生安排在本科提前批录取，实行单独划线，原则上不低于招生学校所在批次录取控制分数线，按考生志愿，从高分到低分投档。计划未完成时，可根据招生学校所在批次录取控制分数线降20分按考生志愿从高分到低分投档。

（6）农村免费医学生在校期间，不得转校或转专业学习，学生户籍仍保留在原户籍所在地，毕业后可按有关规定迁入定向就业所在地。

（三）港澳高校招生

香港和澳门高校是高考考生和家长关注的热点之一。2016 年，香港特别行政区有 12 所高校在内地招生，澳门特别行政区有 6 所院校在内地招生。除香港中文大学和香港城市大学两所高校纳入统招范围外，其余港澳地区高校在内地均实行自主招生。

香港高校报名申请日期一般从 3 月开始，到 6 月截止。澳门高校多在 5—6 月报名。

（1）适合成绩优秀，家庭条件允许，希望去港澳地区大学就读的考生报考。报考学生必须符合中国政府有关赴港澳就读的规定，必须参加当年普通高等学校全国统一招生考试。各高等院校参照申请者内地高考成绩择优录取。多数学校对考生高考成绩以及英语单科成绩有要求。

（2）香港每年费用为 10 万～20 万港币。各高校为成绩优异的考生提供丰厚的奖学金。值得注意的是，能拿到全额奖学金的毕竟是少部分考生，绝大多数考生需要自费。自费生入读后虽然可申请各类奖助学金，但竞争非常激烈。

（3）在一般情况下，申请学生签证的时间为 4～6 周。内地学生被录取后，应立即着手办理申请香港特别行政区入境签证手续。学校会在发出录取通知书的同时，把香港特别行政区入境签证申请表格一同寄给考生。

（四）民族班和民族预科班

面向少数民族考生的招生，录取过程中都享受一定的加分优惠。

民族班是指导性定向招生，鼓励学生毕业后回生源地就业，不需要多读一年的预科，学制与正常的本、专科相同。民族预科班是在正常的本科教学或者专科教学前，被录取考生要多读一年的高中文化课，就读院校一般是被录取院校委托培养的其他院校。

民族班招生的相关专业，在批次线上完不成计划的，可降分投档，降分幅度一般在 40 分左右。少数民族预科班若在批次线上完不成计划，可在规定的降分范围内降分投档（本科降分幅度在 80 分左右，专科在 60 分左右）。

报考民族班的考生不需要单独填报志愿，在同批次相关院校中正常录取。民族预科班录取在相应批次院校录取结束后单独进行，考生需要在相应批次后面单独填报少数民族预科班志愿。

（五）中外合作办学

中外合作办学是指中国教育机构与外国教育机构依法在中国境内合作举办的以中国公民为主要招生对象的教育教学活动。中外合作办学按办学主体分为两类：一是中外合作办学机构，如宁波诺丁汉大学、西交利物浦大学、上海纽约大学等；二是中外合作办学项目，如中南林业科技大学的班戈学院、湖南农业大学国际学院下属的所有专业都属于这种情况。中外合作办学的优势主要集中在课程优势、语言优势、就业优势和费用优势四个方面。

1. 中外合作办学适合人群

中外合作办学适合有良好的英语基础，且有意向出国留学，家庭经济能力较好的学生。

2. 中外合作办学如何报考

（1）考生到教育部中外合作办学监管网上确认。监管网会明确标注是办学项目还是办学机构。需要指出的是，中外合作办学机构是国家近几年重点鼓励和支持的一类中外合作办学方式。

（2）考生要关注其在入学时是否能够同时取得两校学籍。能够同时取得两个合作学校的学籍，说明这个合作办学机构的生源质量、办学模式和人才培养质量是得到两校共同认可的，证明两校已经确立了坚实的、实质性的合作关系，证明学生可以实实在在地享用两所合作学校的教育教学资源。这对保障学生入学后的权益是至关重要的。

（3）考生要有良好的英语基础。考生切忌为了进某所大学而忽略了中外合作办学机构所开设专业对学生英语有较高要求这一基本事实。不论学校对考生入学前及入学后的英语水平是否提出了具体要求，由于英语是唯一的学习、获取知识和沟通交流的语言，学生在入学后英语必须过关。而且在毕业后，如果学生想到国外继续深造，也要有较高的英语水平，因为国外好的大学都会对英语有非常具体的高要求。

（4）考生要有接受和适应多元文化的能力和基本素质。中外合作办学机构中的授课老师，甚至学生，都来自世界各地，有着不同的民族和文化背景，学生能够快速适应、接受并融入这一多元的文化环境是非常重要的。更重要的是，学生要有摒弃用陈旧传统的方式方法解决学习问题的心理准备。

（5）在中外合作办学机构中学习，更多的是靠学生自身的约束力和努力。中外合作办学机构中有激烈的竞争、严格的学术要求和管理规定，也有较为繁重的课业压力，达不到设定的学术标准和要求的就有可能被淘汰。所以，学生应该具有敢于直面挑战、承受重压的坚强意志，做好不怕困难和克服困难的心理准备。

（6）家庭要有足够的经济能力支持学生完成学业，甚至为其将来的出国深造做准备。

3. 中外合作办学录取方式

就读颁发境外学位证书的中外合作办学机构或项目的学生，可在入学一个月后凭本人姓名、身份证号码查询其所获境外学位证书认证注册信息。若届时查不到本人的相关信息，则所获境外学位证书将不予认证。对于非学历教育项目，考生无须参加全国统一高考、填报高考志愿，只参加该校举办的入学考试即可。在中方学校修得相应学分后，考生通过语言考试再被合作学校录取，毕业后可获得外方学校颁发的学历证书。修读这类项目，能否被合作学校录取，以及能否在合作学校完成学业正常毕业、获得毕业学位证书均取决于学生的自身实力。国外教育都是宽进严出的，学生若达不到要求，则不能毕业。

（六）定向招生

定向招生是指在招生时就明确毕业后的就业方向的招生办法。其目的是鼓励学生到农村及比较艰苦的地区工作，"定向招生、定向分配"。考生自愿填报有关高校定向就业招生志愿并按有关政策录取，一旦被录取为定向生，须在入学注册前与高校及定向就业单位签订定向就业协议。

关于定向招生，有一个误区，很多人理解为指定在某个省招生或者指定招收某些学生，类似"点招"。实际上，此处的定向生指的是毕业以后必须到指定的地区或者行业就业。"定向"定的是就业。

1. 定向招生适合人群

毕业后有意向在艰苦地区、艰苦行业就业的学生。

定向生一般可以享受降分录取和减免学费的优惠政策。目前，多数高校已基本停止招收定向生。

2. 定向招生如何报考

（1）填写《定向生志愿表》。高校应根据考生填写的定向志愿录取定向生，并在录取通知中注明定向地区或部门。

（2）定向招生与非定向招生应同时进行投档录取。

3. 定向招生录取方式

录取定向生一般与非定向生执行同一录取分数标准。高校定向招生计划在该校调档。分数线上不能完成的，可在该校调档分数线下 20 分以内、同批录取控制分数线以上，由省级招办补充投档，学校根据考生定向志愿择优录取。若仍完不成定向招生计划，则就地转为非定向计划执行。

（七）高职院校单招单考

以前，高职单独招生指的是面向中专、技校、职高毕业生的考试和录取单独进行的高考，现在普通高中毕业生也可报考高职单独招生。普通高考高职和单招单考高职的考试科目均为"3+X"，"3"同样包括语、数、外三科，均实行统考，各科满分都为 150 分，只是考试试卷不同。"X"也有不同，普通高考的"X"指文综（史地政）或理综（物化生），单独招生的高职考试中的"X"指的是一科综合专业课或专业基础课、职业技能课两科，由招生院校自主命题和考试。

1. 高职院校单招单考适合人群

高职院校单招单考适合职高、中专、技校学生或掌握专业技能的学生。

2. 高职院校单招单考如何报考

高职院校单招单考文化课语、数、外的考试时间与普通高考一致，在 6 月 7—8 日进行，但考试内容和要求一般会简单一些。专业课加试一般在高考之后进行，由招生学校负责组织。

3.高职院校单招单考录取方式

高职院校单招单考实行单独录取，根据考生的语文、数学、外语考试成绩，按招生计划数的一定比例划定统一的录取控制分数线。招生院校在控制分数线以上，结合考生综合专业课或专业基础课、职业技能课成绩，按志愿从高分到低分择优录取。

五、第五大类：成人类

成人类招生主要有成人高考、高等教育自学考试、广播电视大学、网络教育等。适合高考落榜、因为种种原因丧失学习机会的社会人员和需要提高学历层次的在职人员。

（一）成人高考

成人高等学校招生统一考试简称"成人高考"，是我国成人高等学校选拔合格的毕业生以进入更高层次学历教育的入学考试，属于国民教育系列，列入国家招生计划，参加全国招生统一考试，各省、自治区、直辖市统一组织录取。成人高考分为专科起点升本科（简称"专升本"）、高中起点升专科（简称"高起专"）和高中起点升本科（简称"高起本"）三个层次。

（二）高等教育自学考试

高等教育自学考试就是我们所说的"自考"，是个人自学、社会助学和国家考试相结合的高等教育形式，是通过国家考试促进广泛的个人自学和社会助学活动，贯彻《中华人民共和国宪法》鼓励自学成才的有关规定，造就和选拔德才兼备的专门人才，提高全民族的思想道德素质和科学文化素质，以适应社会主义现代化建设的需要。

（三）广播电视大学

中央广播电视大学以及地方各级广播电视大学简称"电大"。中央广播电视大学是采用计算机网络、卫星电视等现代传媒技术，运用印刷教材、音像教材、多媒体课件、网络课程等多种教学媒体，面向全国开展远程教育的教育部直属高等学校。

（四）网络教育

网络教育也称"远程教育"，是成人教育学历中的一种，是指使用电视及互联网等传播媒体的教学模式，通常是业余进修者。由于不需要到特定地点上课，所以可以随时随地上课。学生亦可以通过电视广播、互联网、辅导专线、课研社、面授（函授）等多种不同渠道互助学习。招生对象不受年龄和先前学历限制，为广大已步入社会的群众提供了提升学历的机会。

※ 生涯活动

（1）分析自己适合哪些升学路径，结合自身优势简单阐明自己升学路径选择的依据是什么。

（2）搜一搜：36 所强基计划试点高校招生简章。

※ 生涯拓展

【读一读】

一、强基政策——规模

强基计划加强基础学科拔尖创新人才选拔培养。

36 校录取共 7000 人，36 校入围总共 3 万人。

二、教育部统一规定——入围条件

竞赛入围：五大学科竞赛获银牌及以上学生破格入围。

高考入围：依据高考成绩，分省分专业按计划招生人数的 3 ～ 5 倍确定入围名单。

解读：破格入围不占本省名额，各高校会优先确定竞赛入围的名额，剩下的名额会根据各省高考招生人数分配下去。

三、教育部统一规定——录取办法通常情况

$$综合成绩 = \frac{考生高考成绩}{该省份高考满分} \times 85\% + 校考分数（满分15分）$$

$$综合成绩 = \frac{考生高考成绩}{该省份高考满分} \times 90\% + 校考分数（满分10分）（只有南开）$$

【解读1】校考分数由各高校自己来定，以笔试为主、面试为辅，体测及格（普通健康学生都能通过）。按高考满分 750 分来计算，校考 15 分相当于高考中的 132 分。

【解读2】高考录取分数线以上的学生正常录取，不占用强基计划名单。高考录取分数线以下入围的学生，分省按综合成绩从高到低录取。

四、强基政策——报考

只能选一所学校，不同学校能选的专业数目不一。

五、强基政策——考试科目

招生简章大多数学校没有写要考什么，一般理科以数学、物理为主，文科以数学、语文为主。

六、清华大学、北京大学的强基规模

清华大学、北京大学总共招生 6000 人，通过强基计划录取 2000 人，入围强基计划人数 1 万人。

涵盖以前的清华大学的领军计划、北京大学的博雅计划，自招人数和之前的人数相当。具体录取情况如表 4-10 所示。

表 4-10　清华大学、北京大学录取 6000 人分类情况

准备强基计划，但靠裸分上线人数	直接通过强基计划录取人数	高考纯裸分录取人数
3000 人	2000 人	1000 人
1/2	1/3	1/6

数据来源：除官方数据外，其他数据根据以往数据推测得出。

七、清华大学、北京大学——报考

北京大学是专业组制，即大类招生，强基报名一个专业组，具体专业组里的专业可以之后再选；清华大学是书院制，比大类招生更灵活一些，本科可以在书院里的各专业转，研究生可以转出书院。

报考建议：如何选择强基计划报名一所大学。

（1）学过数学或者物理竞赛，尤其是已经参加过清华大学、北京大学的

学科夏令营等，得到两校认定的学生，只要强基入围，基本能稳定录取。

（2）没有学过竞赛，在高考后集训一下就去参加考试的学生，推荐以正常报名为主。

【解读1】竞赛生有很大优势。

【解读2】强基计划是保底的，不是冲刺的。

八、清华大学、北京大学——校测

清华大学理科：数学（100分）、物理（70分）、化学（30分）、面试（60分）、综合（40分）；文科：数学、语文、历史。

北京大学：语文、数学。

九、竞赛学生的优势

"学得特别好的"保送进入清华大学、北京大学，"学得好的"破格进入清华大学、北京大学，"学了的"只要入围清华大学、北京大学强基，基本都能被录取。目标是清华大学、北京大学的竞赛学生，可比高考录取分数线低40～50分入围，校考考好相当于多考40～50分，相当于高考加了40～50分。

案例1：

（1）以某省为例，清华大学、北京大学招生400人，强基计划录取130人，入围人数600人。

（2）线上录取270人，往下数600人，相当于排名前900名的考生都可以入围。

（3）考虑没有参加过竞赛的学生，不敢报名清华大学、北京大学的学生，预计该省排名前1000名左右的都能入围。

（4）查一下该省的高考分数段，相当于入围线比清华大学、北京大学录取分数线低40分。

案例2：

（1）高考生——从来没有接触过竞赛。

（2）竞赛生A——高考和竞赛兼顾。

（3）竞赛生B——竞赛学得好，提前与清华大学、北京大学签约。

具体数据如表 4-11 所示。

表 4-11　竞赛学生高考得分折算

姓　　名	高考得分	高考得分折算百分制	高校考核得分率	高校考核得分	折算成高考分	总　　分
高考生	700	79.3	35%	5.25	46	84.6
竞赛生 A	670	75.9	6%	9	79	84.9
竞赛生 B	620	70.3	1%	15	132	85.3

竞赛生 A 相当于比高考生多了 33 分，竞赛生 B 相当于比高考生多了 86 分。笔试难度招生简章里一般不会明确写出，大学老师选拔优秀高中生会出比高考难的科学相关的题。

十、面试怎么考

关于面试不同学校不一样，一般不会在招生简章里写出，具体如下。

（一）形式

①一对一（少）；②多对一（多），如清华大学、复旦大学等；③多对多，如北京大学、浙江大学等。

（二）环节

自我介绍、问答交流、陈述观点、无领导小组讨论、自由辩论、与教授交流（答案）、与其他考生交流（合作、倾听）。

（三）了解相关知识

①全方位政策解读；②考试大纲解读；③院校选择；④数学、物理、化学备考攻略。

※ 参考文献

[1] 熊丙奇 . 新高考深度解读 [M]. 桂林：广西师范大学出版社，2018.

[2] 邵隆 . 升学辅导课 [M]. 汕头：汕头大学出版社，2018.

主题 15 · 志愿填报

※ 生涯导航

有人说志愿填报就是第二次高考，你赞同吗？要填好志愿需要怎么做？
了解志愿填报规则，掌握志愿填报方法。

俗话说，三分成绩，七分志愿。

志愿填报比高考本身更重要。科学的升学决策绝不仅仅是比照分数选择一个好学校，更重要的是根据自身特点、未来人才市场的趋势及高考成绩等因素，选择最合适自己的专业与学校。

不同的选择会有不同的结果，希望你填好志愿，成功就读心仪的大学！

※ 生涯故事

一分不浪费

小邓是一名乐观开朗、富有创造力的女生。2017 年，她以 613 分被哈尔滨工业大学压线录取，顺利进入自己理想的建筑环境与能源应用工程专业，没有浪费一分。

小邓在填报志愿前做了霍兰德职业兴趣测评，测评结果显示为实用型、研究型、艺术型。老师通过沟通和了解，发现小邓的数学和物理成绩非常突出，并且擅长舞蹈和绘画。根据家长意见、高考分数和专业匹配度，小邓确定了理学、与设计相关的建筑类专业以及经济学类专业。但依据小邓的分数，她想考进顶尖经管类院校和理学工科类学校几乎是不可能的。最终，根据专业、地域等因素以及院校招生情况，她确定了哈尔滨工业大学这所 C9 院校，并且选择了哈尔滨工业大学的国家特色专业——建筑环境与能源应用工程。录取之后，小邓及其家长非常高兴。

600多分进"二本"

同年的小武，高考考了612分，但最终只进了四川警察学院这所二本院校。高考之前，小武和家长完全没有了解过志愿填报信息，出分后几天乱选了几所院校就填报了志愿。其实按这个分数，完全可以报考中国刑事警察学院，甚至可能上中国人民公安大学。

【想一想】

为什么同一省份、分数相当的两名学生的志愿录取会有如此大的差异？

> 小贴士：现在很多人出分之后才开始研究报志愿，这是不对的。我们要尽早准备志愿填报，只靠高考出分后短短几天做出影响人生的重大决定是不负责任的表现。

※ 生涯认知

如何填报志愿？有的人会先选学校再定专业，有的人会先选专业后选学校，你赞同哪一种？

填报志愿时注意十大误区：①名校情结；②忽视招生简章；③志愿没有梯度；④追捧热门专业；⑤只凭名字选专业；⑥平行志愿有风险；⑦不服从专业调剂；⑧照搬往年分数；⑨家长包办，孩子无决定权；⑩不考虑孩子的兴趣和特长。

※ 生涯活动

【建议】高分段的考生兼顾好学校和好专业、中分段的学生选好学校、低分段的学生选好专业。不管你是哪一个分数段的学生，选好专业是最重要的，你掌握的技能是你就业的筹码，专业水平主导你的职业发展。希望同学们都能做自己喜欢的事，尽最大努力提高生活质量。

模拟志愿填报如表 4-12 所示。

表 4-12　模拟志愿填报

考生基本信息	姓名		考生号		身份证号		

第一批（本科）							
院校代码	院校名称	专业					专业服从
		代码1	专业名称1	代码2	专业名称2	代码3	专业名称3	
A							
B							
C							
D							
E							

第二批【高职（专科）】							
院校代码	院校名称	专业					专业服从
		代码1	专业名称1	代码2	专业名称2	代码3	专业名称3	
A							
B							
C							
D							
E							

※ 生涯拓展

【读一读】

志愿填报常见问题

（1）高考志愿填报一般要考虑哪些因素？

填报高考志愿，考生要结合国家、社会需要和自身实际，遵循"以成绩为基础，以就业为导向，以发展为目标"的原则，重点考虑以下几个方面：

①成绩高低（单科、总分、位次以及综合素质评价）。

②院校综合情况（院校的历史、地域、综合办学实力等）。

③专业和就业（院校特色专业、自己的兴趣专业、社会经济发展中的热门专业）。

④身体等条件（某些专业受视力、色觉、器官健康状况等限制，有的专业对单科成绩和外语口语等方面有要求，志愿选报还应考虑家庭经济状况，因为民办院校、独立学院和中外合作专业的收费都较高）。

（2）新高考招生志愿填报方式有变化吗？

没变化。新高考仍实行网上填报志愿的方式，网报志愿后不进行现场确认。

（3）新高考招生志愿填报对选考科目有何要求？

院校各专业（类）的选考科目范围至多有3门。考生填报志愿时，自己选报的3门选考科目中，只需1门符合报考院校选考科目要求，即可报考该校的相关专业（类）。院校没有确定选考科目要求的，表示考生在报考该专业（类）时无科目范围限制，均可报考。

（4）什么是平行志愿？传统志愿和平行志愿的区别是什么？

平行志愿是指高考招生同一类别、同一投档时间段和轮次中若干具有相对平行关系的志愿。"分数优先、遵循志愿"是平行志愿投档的原则，志愿先从最高分考生开始，依次检索和投档，当检索到某一考生时，遵循该考生所填报的志愿顺序检索，当符合投档条件时即被投档。

平行志愿里填报的每个志愿在投档时都作为第一志愿，而传统志愿里考生填报的志愿有第一、第二……之分；平行志愿按"分数优先"的原则投档，对院校而言，考生的志愿没有先后之分，而传统志愿按"志愿优先"原则投档，优先考虑第一志愿的上线考生，只有第一志愿生源不够时才会投档第二志愿的考生，第三志愿以此类推；平行志愿在每一轮次里一个考生只有一次投档机会，一旦投档到某一志愿，其他志愿同时作废，而传统志愿里一个考生可能有多次投档机会。

（5）什么是专业平行志愿？为什么实行专业平行志愿？

专业平行志愿是新高考招生同一类别、同一段中若干具有相对平行关系的专业（类）志愿，以一所院校的一个专业（类）为志愿单位，按照"分数优先、遵循志愿"进行投档。不同于以往以院校为志愿单位投档的院校平行志愿，专业平行志愿投档时，直接投档到某院校某专业（类），不存在是否服从调剂，考生也不用担心被调剂到自己不喜欢的专业。

实行专业平行志愿体现了以生为本的招生录取原则。其意义体现在以下几方面：一是可解决长期以来一直困扰考生不能被录取到自己喜欢专业的纠结问题，扩大了考生在录取环节的选择权，让考生"录其所愿"；二是新高考实行选考后，各专业对学生选考科目的要求不一致，以院校为单位的传统投档模式实际已无法实施；三是有利于倒逼高校优化专业结构，加强专业内涵建设，办出专业特色。

（6）专业平行志愿填报有哪些参考策略？

参考策略可分三步考虑：

第一步，选择不同梯次的院校。根据考生位次、选考科目一分一段表和各校往年投档线等资料，选择不同梯次的院校。由于实行分段填报志愿，各段考生所处位置与原相应批次相近，选择范围可以有效缩小框定。原有的"冲一冲、稳一稳、保一保"选择院校的办法依然可以使用。

第二步，筛选不同梯次的专业。从选定的院校中，根据往年专业录取情况，将其中不喜欢的专业或估计录取可能性不大的专业删除，筛选出拟报考的不同梯次的专业。

第三步，根据本人意愿排序并确定志愿。这里要特别注意，考生在填报志愿时一定要重视院校的招生章程，确保符合报考条件。

※ 参考文献

秦楠 . 新高考改革下志愿填报技巧探析 [J]. 当代教育实践与教学研究，2020（9）：225-226，229.

第五部分　生涯管理与决策

主题 16 · 生涯管理

※ 生涯导航

你知道生涯管理吗？你知道生涯管理需要做什么吗？规划管理生涯，有效创造未来。

志士惜年，贤人惜日，圣人惜时。

——清·魏源《默觚·学篇》

我们的快乐和满足感在一定程度上取决于对生活过程的控制好坏，这就是生涯管理的内容。生涯管理是一个全方位整合的持续发展的过程系统，其关系到个人的生存质量和发展机会，所以我们需要规划管理生涯，设定梦想目标，有效创造自己的未来。

※ 生涯故事

写作业拖拉的女孩

杨某，女，独生女，某校高一学生。父母均是大学生，她的母亲是公司高管。2岁半时，她爸爸外出创业，一去十年，每年只有一个多月的时间与家人在一起。她平时与妈妈、奶奶、爷爷共同生活。由于妈妈工作较忙，早出晚归，爷爷和奶奶照顾她的时间更多，对她比较溺爱。在日常生活中，几乎每天早晨妈妈都要把杨某从被窝里拽起来，然后等着奶奶做好早餐，催促她匆匆吃完，还要送到车站才去上学。此外，在学习上，不管是写课堂作业还是平时的单元测试，她的动作都比较慢。比如，在做课堂练习的时候，她还没有抄完题，别人都已经做完了。在家里学习时，她宁愿玩笔、画画，甚至发呆，也不愿意抓紧时间动手写作业，每晚完成作业的时间通常是3个小时。

【想一想】

（1）这个女孩怎么了？

（2）是什么原因导致了她的问题？

（3）如何能够让她养成良好的习惯？

> 小贴士：女孩就是在目标、学习、时间分配上都不合理才导致了这样的结果。这涉及生涯认知的管理，如合理的目标、学习时间的分配等。

※ 生涯认知

生涯管理最大的目标是实现个人的发展，即通过对个人兴趣、能力和发展目标的有效管理来实现个人的发展愿望。

生涯管理包括学业管理、职业管理、生活管理等多个方面。任何年龄的人，为了达到成功，让自己的人生不留遗憾，都需要将生涯管理放在重要的位置，并且在自我管理的过程中总结出能使自己做出正确决策的一套框架。对中学生来说，生涯管理较为重要的是时间管理。时间管理需要通过事先规划，采用一定的技巧、方法与工具来实现对时间的灵活、有效运用，从而使学生个人或集体的既定目标得以实现。

※ 生涯活动

【测一测】

中学生时间管理课堂小测试

本测试共 10 道题目，请你根据自己的真实情况，以"非常同意""略表同意""略表不同意""极不同意"作答。

1. 为了逃避棘手的难题，于是我寻找各种理由和借口。

2. 为了使困难的工作得以有效解决，就必须对执行者施加压力。

3. 在学习中，我经常采取折中的办法以避免或延缓不愉快的事情发生。

4. 我遭遇了太多干扰与危机，足以妨碍自己完成重大的任务。

5. 我避免给予直截了当的答复，即使被迫执行一项不愉快的决策时。

6. 面对重要行动计划的追踪工作，我一般不予理会。

7. 我试图让其他管理者也执行不愉快的工作。

8. 我经常将重要作业安排在快要交之前突击，或者周末回家再赶，以便在夜晚或周末处理它。

9. 我在过分疲劳或过分紧张，或过分泄气，或太受抑制时，无法处理自己所面对的困难。

10. 在日常的学习和生活中，我喜欢保持桌面整洁和将寝室物品摆放整齐。

评分标准："非常同意"4 分，"略表同意"3 分，"略表不同意"2 分，"极不同意"1 分。

测试结果：

总分小于 20 分，表示你不是拖延者，也许偶尔有拖延的毛病。

总分为 21 ～ 30 分，表示你有拖延的毛病，但不太严重。

总分大于 30 分，表示你或许已有严重的拖延毛病。

※ 生涯拓展

【做一做】

中学生有效的时间管理方法

（1）与价值观相吻合。

（2）设立明确的目标。

（3）改变你的想法。

（4）遵循 20/80 定律。

成功者花最多的时间在最重要的事上，而不是最紧急的事情上，然而一般的人都是做紧急但不重要的事。

（5）安排"不被干扰"的时间。

（6）严格规定完成的期限。

（7）做好时间日志（表 5-1）。

表 5-1　事件日志

所做事情	花费时间 / 分钟
洗漱	
早餐	
搭车	
拜访朋友	
上网	
做作业	
……	

（8）理解"时间的价值大于金钱"。

（9）学会列清单（表 5-2）。

表 5-2 时间清单

时间段	计划内容	重要性排序	预期完成时间	实际完成情况

（10）同一类的事情最好一次把它做完。

假如你在做纸上作业，那么那段时间就都做纸上作业；假如你是在思考，那么那段时间就只思考；如果打电话，那么最好把电话累积到某一段时间，然后一次把它打完。当你重复做一件事情时，便会熟能生巧，效率也会随之提高。

（11）每 1 分钟每 1 秒都做最有效率的事情。

你必须思考一下要做好一份工作，到底哪几件事情能帮助你提高效率，列出来，分配时间把它做好。

※ 参考文献

戈红．高中生生涯规划 [M].北京：科学出版社，2017.

主题 17 · 生涯报告

※ 生涯导航

我究竟是谁？我最想去哪里？如何才能抵达我想去的地方？这需要对自己的人生行程做生涯规划。

无规划的人生一塌糊涂，有规划的人生鹏程万里。

"志不定，天下无可成之事。"我们的人生是不断认识和了解自己的一生，在认识自我的过程中，需要结合自己的兴趣爱好、价值取向、性格特征等特点，制定符合自己的生涯报告，报告越详细，自己的人生方向越明晰。我们要用报告中的拟订计划来引领我们的未来人生，来指引我们的前行方向。在人生每一步前行的路上，我们都需要时刻检验自己的所作所为是否偏离预期轨道，这也为我们精彩的人生奠定了坚实的基础。

※ 生涯故事

他山之规划 可以思人生

张某某现是重庆一家知名医院的护士。高中的时候，她通过自己的兴趣爱好和性格特征全面分析和权衡了自己未来的人生，确定了当一名优秀护士的志愿。她为自己未来的人生拟订了详细的生涯规划计划书。填报志愿时，她的志愿就是大学读护理专业。正如梦想都是为有准备的人准备的，她顺利地考到了护理专业。在读大学的第一个星期内，她就做好了大学的生涯规划：第一学年的目标是勤奋学习，学好各门功课，力争各科成绩名列前茅；第二学年的目标是练就一套娴熟的打针本领及与病人交流沟通的能力；第三学年的目标是在实习期间全面掌握护理技术与技巧。因此，她非常勤奋上进，脚踏实地地学习。第一学年下来，她的成绩名列前茅。在第二学年和第三学年的学习与实习期间，她经常虚心地请教其他有经验的护士，针对病人的体质特征和性格特点，反复探索不同的进针方法和推敲与病人交流沟通的方式。她还积极参加各种与护理相关的比赛并取得了较好的成绩。毕业前，她顺利被重庆某知名医院提前录用。

【想一想】

看了张某某的故事，对你有什么启示？

小贴士：假如我们心中有自己的三年规划或长远规划，在实现梦想的路途中会少走很多弯路。如果希望自己的人生丰富多彩，就必须规划好自己未来的人生，有规划的人生是蓝图，无规划的人生是糊涂。

※ 生涯认知

生涯报告撰写

生涯报告的基本格式有很多，下面我给同学们介绍一种最常用的格式。当然，我们在实际制定的过程中可做适当调整，优化为符合我们自己性格特征的生涯报告。

第一部分为生涯封面设计，也是制定生涯报告首要的组成部分。一般情况下，封面标题可设计为左上角为学校名称，居中写生涯规划报告，依次为姓名、指导老师、班级等，底部落款为起草时间。

第二部分为认识自我，即进行自我介绍，结合在学校所学的生涯教育情况，介绍自己的性格特征、兴趣爱好、多元智能、价值观等，通过对自己进行全方位、多角度的分析来认识自我；重视同学、老师等对我们的客观评价，建议将这些评价纳入其中。

第三部分为环境探索。我们要通过对家庭资源的了解、就读学校的资源和资历、社会就业环境的认知，通过对家庭、学校以及当今社会需要什么样的人才以及近三年的就业情况的了解，来锁定哪些外部环境对自己有帮助。

第四部分为生涯轮廓。通过第二部分和第三部的分析，初步明确了自己就读的专业以及院校，对自己的生涯方向有了明晰的定位，能确立基本的职业生涯走向。这也是职业规划书的重要之处，要系统全面地分析和考虑。

第五部分为生涯途径。结合前面的分析，我们知道了自己要向哪个方向走，也明白了自己现在的位置。把方向和位置作为两点，两点之间的直线距离最短，也就是要到达自己的目标有很多方法和路径，我们需要选择一条最优化的，这就需要我们设计目标达成的阶梯。我们需要把生涯规划细分为短期、中期、长期计划，不同时间段的计划和努力方向都应该有所区别。

※ 生涯活动

结合以前的内容，请填写你的兴趣、价值观、能力、性格和外部环境对你的影响（表5-3）。

【做一做】

表 5-3 未来我想要的生活

影响因素	生活方式	非常重要	重要	不重要	非常不重要
居住环境	居住在空气清新的乡村				
	居住在车水马龙的城市				
	居住在文化底蕴深厚的城市				
	与父母居住在同一城市				
	有自己舒适、宽敞的私人空间				
工作收入	自由支配金钱				
	经济收入丰厚				
业余生活	有时间做自己喜欢、感兴趣的事				
	能常常外出旅游				
	有时间与家人聚会				
	每天有锻炼的时间				
工作状态	工作要稳定				
	工作要具有创造性				
	工作内容是经常与人接触				
	工作内容是与事打交道				
	能准时上下班				
	能常常出差				

※ 生涯拓展

【写一写】

生涯报告撰写（样本）

（1）封面设计。

（2）认识自我（从已学的生涯认知着手）。

（3）环境探索（家庭、学校、社会等环境影响，生涯决策）。

（4）生涯轮廓（我心中未来的专业和大学、以后从事的职业）。

（5）生涯途径。

生涯报告内容如表 5-4 所示。

表 5-4　生涯报告内容

计划时间段	目　标	内容或策略	备　注
高一上学期			
高一下学期			
高二上学期			
高二下学期			

续　表

计划时间段	目　标	内容或策略	备　注
高三上学期			
高三下学期			

【读一读】

（1）书籍推荐：丁磊的《高考报考专业指南》（中国原子能出版社）。

（2）查阅和自己需求对应的学校招生简章。

※ 参考文献

[1] 林甲针，陈如优 . 高中生职业生涯规划与班级团体辅导 [M]. 福州：福建教育出版社，2015.

[2] 戈红 . 高中生生涯规划 [M]. 北京：科学出版社，2017.